全球战舰TOP精选
（珍藏版）

★★★★★

（第2版）　《深度军事》编委会 编著

U0299227

清华大学出版社
北 京

内 容 简 介

本书精选了航空母舰、驱逐舰、护卫舰、核潜艇、常规潜艇和两栖舰艇等现代海军主力舰种中的 80 款王牌型号，独辟蹊径以排行榜的形式对它们进行对比介绍。每种战舰的排名均秉承客观公正的原则，并设有"排名依据"板块对排名原因进行详细解释。为了增强阅读的趣味性，每款战舰还特意加入了一些相关的趣闻逸事。通过阅读本书，读者不仅可以全面了解这些战舰的性能，更容易辨明它们各自的优点与劣势。

本书内容翔实，结构严谨，分析讲解透彻，图片精美丰富，适合广大军事爱好者阅读和收藏，也可以作为青少年的科普读物。

图书在版编目 (CIP) 数据

全球战舰 TOP 精选：珍藏版 /《深度军事》编委会编著 . —2 版 . —北京：清华大学出版社，2021.12（2024.6 重印）

（全球武器精选系列）

ISBN 978-7-302-59624-0

Ⅰ . ①全… Ⅱ . ①深… Ⅲ . ①战舰—介绍—世界 Ⅳ . ① E925.6

中国版本图书馆 CIP 数据核字（2021）第 249908 号

责任编辑：李玉萍
封面设计：郑国强
责任校对：张彦彬
责任印制：刘　菲

出版发行：清华大学出版社

网　　址：https://www.tup.com.cn，https://www.wqxuetang.com
地　　址：北京清华大学学研大厦 A 座　　　　邮　编：100084
社 总 机：010-83470000　　　　　　　　　　邮　购：010-62786544
投稿与读者服务：010-62776969，c-service@tup.tsinghua.edu.cn
质 量 反 馈：010-62772015，zhiliang@tup.tsinghua.edu.cn

印 装 者：小森印刷（北京）有限公司
经　　销：全国新华书店
开　　本：146mm×210mm　　印　张：11.75　　字　数：301 千字
版　　次：2017 年 7 月第 1 版　　2022 年 1 月第 2 版　　印　次：2024 年 6 月第 4 次印刷
定　　价：69.00 元

产品编号：091263-01

前言

　　众所周知，在相当长的一个时期里，英国海军一直是纵横海洋的主角，打赢了一场又一场决定国家命运的大战，让那些雄心勃勃的对手黯然神伤，英国也由此成为18世纪和19世纪最强盛的军事及经济强国。事实上，不仅仅是英国，海军这一古老的军种对许多国家来说都非常重要，人类历史上有许多改变了世界历史进程的海战以及海战中使用的各类战舰，至今为人所津津乐道。

　　在海军漫长的发展历史中，世界各国设计建造了大量用途各异的战舰，战舰的种类也日趋丰富。时至今日，海军及其装备的各式战舰仍然在战争中发挥着巨大作用，世界上拥有海军的国家和地区有100多个，其组织编制各不相同，装备的战舰也是五花八门。

　　俗话说"文无第一、武无第二"，在世界各国海军装备的各类战舰中，那些引领时代的先进型号无疑格外引人注目。本书精心选取了国外航空母舰、驱逐舰、护卫舰、核潜艇、常规潜艇和两栖舰艇等现代海军主力舰种中的80款王牌型号，独辟蹊径，以排行榜的形式对它们进行对比介绍。每种战舰的排名均秉承客观公正的原则，并设有"排名依据"板块对排名原因进行了详细解释。为了增强阅读趣味性，每款战舰还特意加入了一些相关的趣闻逸事。通过阅读本书，读者不仅可以全面了解这些战舰的性能，更容易辨明它们各自的优点与劣势。

针对现代人的阅读习惯，本书不仅在文字方面严格把关，在配图方面更是精益求精。书中不仅配有大量清晰而精美的鉴赏图片，还精心设计了许多极具特色的数据对比图表，可以生动形象地体现出每款战舰的性能差异。此外，还配有结构图和3D模型图，以方便读者了解每款战舰的舰体构造。在结构上，本书摒弃了传统的排序习惯，采用了"从后往前"的排序方式，能够最大限度地激起读者的好奇心和阅读欲望。本书采用小体设计，易于携带和收藏，便于读者朋友随时随地阅读。

本书是真正面向军事爱好者的基础图书，编写团队拥有丰富的军事图书写作经验，并已出版了许多畅销全国的图书作品。与同类图书相比，本书不仅图文并茂，在资料来源上也更具权威性和准确性。

本书由《深度军事》编委会编著，参与编写的人员有阳晓瑜、陈利华、高丽秋、龚川、何海涛、贺强、胡姝婷、黄启华、黎安芝、黎琪、黎绍文、卢刚、罗于华等。对于广大资深军事爱好者以及有意了解国防军事知识的青少年来说，本书不失为极具价值的科普读物。希望读者能够通过阅读本书，循序渐进地提高自己的军事素养。

目 录

Chapter 01

认识战舰

  战舰是海军作战舰艇的统称，狭义上的战舰是指排水量在500吨以上、具备攻击能力的军用舰艇。作为现代海军的核心武器，各式战舰在现代化战争中发挥着重要作用。本章主要介绍战舰的发展历史以及现代海军主力战舰的性能。

战舰发展简史

　　战舰的起源较早，埃及、腓尼基和希腊等地在公元前1200多年前就已经出现了以划桨为主、以风帆为辅助动力的战舰。不过，由于古代科学技术不发达，战舰发展缓慢，因此木质桨帆舰一直延续了数千年。直到18世纪，蒸汽机的发明，冶金、机械和燃料工业的发展，才让战舰的材料、动力装置、武器装备和建造工艺发生了根本变革。战舰开始使用蒸汽机作为主动力装置，以明轮推进，同时甲板上设置有可旋转的平台和滑轨，使舰炮可以转动和移动。与同级的风帆舰相比，其机动性能和舰炮威力都大为提高。

　　19世纪30年代，螺旋桨推进器问世。1849年，法国建成世界上第一艘螺旋桨推进的蒸汽战列舰"拿破仑"号。此后，法国、英国、俄国等国海军都装备了蒸汽舰。到19世纪70年代，许多国家的海军从帆船舰队向蒸汽舰队的过渡已基本完成，战舰日益向增大排水量、提高机动性能、增强舰炮攻击力和加强装甲防护的方向发展，装甲舰尤其是由战列舰和战列巡洋舰组成的主力舰，成为舰队的骨干力量。

　　20世纪初，使用柴油机-电动机双推进系统的潜艇研制成功，使潜艇具备了一定的实战能力，逐步成为海军的重要舰种。英国海军装备"无畏"级战列舰以后，海军发展进入"巨舰大炮主义"时代。英国、美国、法国、日本、意大利、德国等海军强国之间展开了以发展主力舰为中心的海军军备竞赛。

　　1914年一战爆发时，各主要参战国海军共拥有主力舰150余艘。20世纪20～30年代，航空母舰开始崭露头角。到二战时期，造船焊接工艺的广泛应用，分段建造技术和机械、设备的标准化，保证了战时能快速、批量地建造舰艇。在战争中，战列舰和战列巡洋舰逐渐失去主力舰的地位，而航空母舰和潜艇发展迅速。航空母舰编队或航空母舰编队群的机动作战、潜艇战和反潜艇战成为海战的重要形式，改变了传统的海战方式。与此同时，由于磁控管等电子元器件、微波技术、模拟计算机等关键技术的突破，出现了舰艇雷达、机电式指挥仪等新装备，形成舰炮系统，使水面舰艇的攻防能力得到显著提高。

二战后，战舰再次迎来重要变革时期。在人类进入了核时代后，核导弹、核鱼雷、核水雷、核深水炸弹相继出现，潜艇、航空母舰向核动力化发展。20 世纪 50—60 年代，喷气式超音速海军飞机搭载航空母舰之后，垂直 / 短距起落飞机、直升机等又相继装舰，使大、中型舰艇普遍具备了海空立体作战能力。潜射弹道导弹、中远程巡航导弹、反舰导弹、反潜导弹、舰空导弹、自导鱼雷、制导炮弹等一系列精确制导武器装备各类战舰，进一步增强了现代海军的攻防作战、有限威慑和反威慑能力。

20 世纪 70 年代以后，军用卫星、数据链通信、相控阵雷达、水声监听系统、电子信息技术和电子计算机的广泛应用，使现代战舰逐步实现了自动化、系统化，并向智能化方向发展。20 世纪 90 年代，世界上拥有海军的国家和地区已超过 100 个。随着国际贸易和航运的日益扩大、海洋开发的扩展，国际海洋斗争日趋激烈，濒海国家不断运用科学技术的新成果，发展各类新式战舰，提高海军的作战能力。

俄罗斯海军"库兹涅佐夫"号航空母舰

美国海军"自由"级濒海战斗舰

法国海军"拉斐特"级护卫舰

法国海军"西北风"级两栖攻击舰

美国海军"黄蜂"级两栖攻击舰

德国海军 214 级潜艇

战舰的基本构造

　　虽然现代海军装备的各类战舰在大小、外形和功能上各有不同，但在基本构造上大致相似。一般来说，水面舰艇的船体包括主船体和上层设施两部分。其中，上层设施的结构比较单薄，大多采用钢材或铝合金，也有采用木材或玻璃钢的，通常只能承受局部外力。

　　主船体是由外板和上层连续甲板包围起来的水密空心结构，形式有纵骨架式、横骨架式、混合骨架式。主船体材料大多采用钢材，有些快艇（鱼雷艇、导弹艇、猎潜艇、护卫艇、气垫登陆艇等）和反水雷舰艇，采用钛合金、铝合金、玻璃钢或木材。船体内由许多水密或非水密横舱壁、纵舱壁和甲板分隔成若干舱室，可以承受各种外力，以保证船体的强度、稳性、浮性、不沉性和满足各舱室的需要。

　　潜艇的船体结构一般由耐压艇体和非耐压艇体构成，采用高强度钢材，由许多耐压或非耐压舱壁、甲板等分隔成若干舱室，其功用与水面舰艇相似。

　　在船体线型方面，水面舰艇大多采用排水型，部分快艇采用滑行艇、水翼艇或气垫船等船型。潜艇一般采用水滴形或雪茄形。除此之外，还有双体穿浪船、掠海地效翼船等高性能船型。

英国"勇敢"级驱逐舰

德国"萨克森"级护卫舰

战舰的武器系统

▶ 导弹

　　导弹是依靠自身动力装置推进，由制导系统导引、控制其飞行弹道，将战斗部导向并摧毁目标的武器。导弹属于精确制导武器，具有射程远、速度快、精度高、威力大等特点。二战以后，随着导弹技术的不断发展，海军舰艇的主要作战武器——舰炮逐渐被导弹取代，现代战舰搭载的导弹可执行对空、海、地全方位攻击任务。舰载导弹种类繁多，依据攻击目标和任务的不同，可分为舰载巡航导弹、反舰导弹、反潜导弹、舰对空导弹等。舰载导弹的发展水平已成为衡量一个国家海军作战能力的重要标志。

　　舰载导弹的主要发射装置是垂直发射系统，这种系统具有发射率高、储弹量大、全方位发射、通用性好、生存力强等诸多优点，顺应了现代战争对武器装备在多目标交战、瞬时快速反应、全方位发射、抗饱和攻击等综合能力的基本要求。目前，较为成熟的垂直发射系统有美国的 Mk 41 垂直发射系统、俄罗斯的"利夫"和"克里诺克"垂直发射系统、法国的"席尔瓦"垂直发射系统、英国的"海狼"垂直发射系统等。

美国"提康德罗加"级巡洋舰配备的
Mk 41 垂直发射系统

▐▌▶ 近程防御武器系统

近程防御武器系统是一种装设、配属在海军船舰上，用来侦测与摧毁逼近的反舰导弹或相关的威胁飞行物，只作为战舰近身防卫用途的武器系统，简称近防系统。

一套近防系统通常由雷达、计算机、多管快速开火的中口径机炮组成，且炮座基台可进行方位性角度旋转。近防系统是战舰的最后一道防线，能有效打击从其他防空系统漏掉的反舰导弹。近防系统的目标并不是击落所有导弹，而是攻击导弹的弹头，避免导弹对船舰造成严重损害。如果不能攻击弹头，则系统会射击导弹前后，在导弹上打洞，以力图使导弹偏离航道或是过早引爆。

目前，世界上较为成熟的近防系统有美国的"密集阵"系统、俄罗斯的"卡什坦"系统、荷兰的"守门员"系统、意大利的"标枪"系统、西班牙的"梅洛卡"系统、以色列的"台风"系统、土耳其的"海天顶"系统等。

美国"密集阵"近程防御武器系统 3D 模型

▐▌▶ 鱼雷

鱼雷是一种水中兵器，具有航行速度快、航程远、隐蔽性好、命中率高和破坏性大等特点，主要用于攻击敌方水面舰船和潜艇，也可以用于封锁港口和狭窄水道。鱼雷发射后可自己控制航行方向和深度，遇到舰船，只要一接触就可以爆炸。根据不同的需要，鱼雷分为大、中、小 3 种类型。直径 533 毫米以上的为大型鱼雷；直径 400 ～ 450 毫米之间的为中型鱼雷；直径 324 毫米以下的为小型鱼雷。

早在一战开始时，鱼雷就被公认为是舰艇仅次于火炮的主要武器。二战以后，由于反舰导弹的出现，鱼雷的地位有所下降，但它仍是海军的重要武器，特别是在攻击型潜艇上，鱼雷是最主要的攻击武器。目前，世界各国都非常重视鱼雷的研发、改进和制造，目的是使鱼雷更轻便，进一步提高命中率、爆炸力和捕捉目标的能力。

美国"阿利·伯克"级驱逐舰发射鱼雷

舰炮

　　舰炮是最古老的舰载武器，自 14 世纪装备海军风帆战船一类舰艇以来，经过了滑膛炮发展时代（14—19 世纪）线膛炮时代（19 世纪至今）。在 20 世纪水鱼雷、舰载机和导弹武器出现之前，舰炮是海军舰艇主要的攻击武器。时至今日，虽然舰炮地位有所下降，但仍是现代水面舰艇必不可少的武器。

　　现代舰艇的中小口径舰炮，反应速度快、发射率高，与导弹武器配合，可执行对空防御、对水面舰艇作战、拦截掠海导弹和对岸火力支援等多种任务。随着电子技术、计算机技术、激光技术、新材料的广泛应用，现代舰艇形成由搜索雷达、跟踪雷达、光电跟踪仪、指挥仪等火控系统和舰炮组成的舰炮武器系统。制导炮弹的发明，脱壳穿甲弹、预制破片弹、近炸引信等的出现，又使舰炮武器系统兼有精确制导、覆盖面大和持续发射等功能，成为舰艇末端防御的主要手段之一。

美国"阿利·伯克"级驱逐舰配备的 Mk 45 舰炮

机枪

　　机枪结构简单、安装简便，一直是大中型战舰上不可或缺的辅助装备，更是各种小型舰艇上的主要直射火器。二战时期，美国海军的小艇就广泛安装了双联装 12.7 毫米大口径机枪。时至今日，利用支柱简易安装的单装 / 双联装 M2HB 重机枪，仍然是美国及其他西方国家的舰载辅助武器，用于对近距离低价值目标进行射击。

美国"阿利·伯克"级驱逐舰配备的 M2HB 重机枪

战舰的动力装置

核动力

　　核动力装置是以原子核裂变所产生的巨大能量通过工质（蒸汽或燃气）推动汽轮机或燃气轮机工作的一种装置，一般包括核反应堆、蒸汽发生器、主蒸汽轮机、主冷凝器、主传动装置、轴系、推进器、有关辅机和管路系统等。

　　核动力装置的工作原理是：核反应堆将核能转化为热能，再利用冷却剂将热能输出至堆芯，冷却剂携带的热量通过蒸汽发生器传递给二回路工质，工质受热形成蒸汽，蒸汽进入透平做功，带动螺旋桨转动。总的来说，核动力装置工作时不需要空气，核燃料的贮存能量极大，但也存在重量和尺寸大、建造周期长、费用昂贵、有放射性污染等缺点。

　　自 1954 年第一艘核动力潜艇问世以来，核动力装置技术获得了迅猛的发展。目前，除核潜艇外，现役的核动力舰艇还有巡洋舰、驱逐舰和航空母舰，这些核动力舰艇主要集中在美国和俄罗斯。

美国"尼米兹"级核动力航空母舰

蒸汽轮机

　　蒸汽轮机全称蒸汽涡轮发动机，是一种吸取水蒸气的动能转换为涡轮转动的动能机械。蒸汽轮机动力装置通常包括主锅炉、主蒸汽轮机、主冷凝器、主传动装置、轴系、推进器、有关辅机和管路系统等。

　　蒸汽轮机动力装置是在 19 世纪末期发展起来的，其优点是单机功率大，寿命长，可靠性高，可用劣质燃油。缺点是重量和体积大，机动性差，经济性低，操纵管理复杂。20 世纪 70 年代以来，世界各国新建的大、中型水面舰艇（除航空母舰外），已有不少采用燃气轮机动力装置和各种联合动力装置代替蒸汽轮机动力装置，但也有少数特例，如苏联建造的"现代"级驱逐舰。

苏联建造的"现代"级驱逐舰

燃气轮机

　　燃气轮机是以连续流动的气体为工质带动叶轮高速旋转，将燃料的能量转变为有用功的内燃式动力机械，是一种旋转叶轮式热力发动机。燃气轮机动力装置通常包括主燃气轮机、进排气装置、主传动装置、轴系、推进器、有关辅机和管路系统等。

　　燃气轮机是在20世纪中叶发展起来的新型动力装置，兼有蒸汽轮机和柴油机动力装置的优点，单机功率、经济性和寿命等性能指标已达到较高水平。20世纪70年代以来，燃气轮机已被大、中型水面舰艇和特种舰艇广为采用。燃气轮机的缺点是低负荷热效率低，需用结构较复杂的变向传动装置或变螺距螺旋桨，进排气装置尺寸大，对制造材料和工艺要求高，造价较高。

美国通用动力公司研制的 LM6000 燃气轮机

柴油机

　　柴油机是使用柴油作为燃料的内燃机，属于压缩点火式发动机。柴油机动力装置通常包括主柴油机、主传动装置、轴系、推进器、有关辅机和管路系统等。舰用主柴油机一般为中、高速柴油机。柴油机在工作时，吸入柴油机气缸内的空气，因活塞的运动而受到较高程度的压缩，为 500 ~ 700℃的高温。然后将燃油以雾状喷入高温空气中，与高温空气混合形成可燃混合气，自动着火燃烧。燃烧中释放的能量作用在活塞顶面上，推动活塞并通过连杆和曲轴转换为旋转的机械功。

柴油机动力装置是在 20 世纪初期发展起来的，至今仍为中、小型舰艇广泛采用。其优点是经济性好，重量和体积小，机动性高，操纵管理方便。缺点是噪声大，振动大，单机功率小。

德国 MTU 公司研制的 8000 系列柴油机

联合动力

联合动力装置是由两种不同类型或型号的主机联合组成的推进装置。为获得高航速，舰艇须装备大功率的动力装置。但舰艇以高速航行的时间很少，大部分时间是以巡航速度或经济航速航行。因此，一种类型或型号的主机很难满足舰艇对主动力装置的全工况要求。联合动力装置能扬长避短，较好地满足上述要求。

联合动力装置的种类有：蒸汽轮机 – 燃气轮机联合动力装置，柴油机 – 燃气轮机联合动力装置，全燃联合动力装置（巡航燃气轮机和加速燃气轮机），燃气轮机 – 蒸汽轮机联合（复合）动力装置等。现代舰艇一般采用柴油机 – 燃气轮机联合动力装置或全燃联合动力装置。

使用全燃联合动力装置的英国 22 型护卫舰

电力推进

　　对于舰艇来说，电力推进并不算新技术。20 世纪初期，电力推进一度成为舰船动力的新潮方案。从 20 世纪初至 20 世纪 40 年代，各国建造了大量电力推进舰船，二战期间战功卓著的美国海军"列克星敦"级航空母舰采用的就是蒸汽轮机 - 发电机 - 电力推进系统。这一时期的电力推进舰船都是用蒸汽轮机带动交流发电机，向推进同步电机供电，再驱动螺旋桨。受技术条件的限制，这些舰船的电力推进系统体积都异常庞大，效率并不令人满意。

　　20 世纪 30 年代之后，随着技术的进步，各海军大国已经可以研制生产满足大型战舰要求的超长主轴和大型齿轮减速装置，而电力推进装置由于增多了能量变换环节，带来了设备昂贵、传动效率低、维护保养工作量大等缺点，故从 20 世纪 30 年代开始，大型舰船又开始重新采用传统轴系的直接推进技术。尽管电力推进暂时退出了海军战斗舰艇领域，但由于电力推进的特殊优点——推进功率调整极其灵活，所以在一些工程船，以及破冰船等要求良好操纵性、转矩特性和响应特性的特殊舰艇上仍然被广泛采用。此外，美国海军新建的"朱姆沃尔特"级驱逐舰也开创性地采用了全电力推进系统。

美国"朱姆沃尔特"级驱逐舰

喷水推进

　　喷水推进装置是一种新型的特种动力装置，与常见的螺旋桨推进方式不同，喷水推进的推力通过推进水泵喷出水流的反作用力来获得，并通过操纵舵及倒舵设备分配和改变喷流的方向来实现舰船的操纵。典型的喷水推进装置结构主要由原动机及传动装置、推进水泵、管道系统、操纵舵及倒舵组合操纵设备等组成。

　　喷水推进装置在加速和制动性能方面具有和变距螺旋桨相同的性能，喷水推进舰船具有卓越的高速机动性，在回转时喷水推进装置产生的侧向力可使回转半径减小。喷水推进舰船舱内噪声和振动较小，日常保养及维护较为容易。此外，喷水推进舰船具有吃水浅、浅水效应小、传动机构简单、附件阻力小、保护性能好等优点。

装备了喷水推进器的美国"密尔沃基"号濒海战斗舰

Chapter 02

航空母舰

　　航空母舰被誉为"海上霸主"，它是世界上最庞大、最复杂、威力最强的武器之一，也是一个国家综合国力的象征。本章将详细介绍航空母舰建造史上影响最大的 10 种型号，并根据核心技术、综合性能、单位造价、建造数量等因素对其进行客观公正的排名。

> **整体展示** ●

◉ 建造数量、服役时间和研制厂商

TOP 10 "克莱蒙梭"级航空母舰	
同级舰艇	"克莱蒙梭"号（R98） "福煦"号（R99）
服役时间	1961—2000 年（法国海军） 2000 年至今（巴西海军）
生产厂商	法国舰艇建造局 法国舰艇建造局创立于 1631 年，总部位于法国巴黎。目前，法国舰艇建造局受法国国防部下属的装备部管辖，统一组织和协调海军装备的设计、生产、试验、维修和改装工作

TOP 9 "福莱斯特"级航空母舰	
同级舰艇	"福莱斯特"号（CV-59） "萨拉托加"号（CV-60） "游骑兵"号（CV-61） "独立"号（CV-62）
服役时间	1955—1998 年
生产厂商	纽波特纽斯造船厂 纽波特纽斯船厂创立于 1886 年，总部位于美国弗吉尼亚州，它是美国规模最大的私人造船厂，也是美国目前唯一能够建造超级航空母舰的造船厂

TOP 8 "无敌"级航空母舰	
同级舰艇	"无敌"号（R05） "卓越"号（R06） "皇家方舟"号（R07）
服役时间	1980—2014 年
生产厂商	斯旺·亨特造船厂 斯旺·亨特造船厂创立于 1880 年，总部位于英格兰纽卡斯尔市，2007 年被印度巴拉迪船厂收购

TOP 7 "加富尔"号航空母舰

同级舰艇	"加富尔"号（550）
服役时间	2008 年至今
生产厂商	芬坎蒂尼造船公司　芬坎蒂尼造船公司创立于 1959 年，总部位于意大利的里雅斯特，它是意大利国有造船企业，也是欧洲最大的造船企业之一

TOP 6 "库兹涅佐夫"号航空母舰

同级舰艇	"库兹涅佐夫"号（063）
服役时间	1991 年至今
生产厂商	尼古拉耶夫造船厂　尼古拉耶夫造船厂又称为黑海造船厂，创立于沙俄时代的 1897 年，曾是苏联第五大造船厂和唯一航空母舰总装厂。苏联解体后，被划归乌克兰所有

TOP 5 "小鹰"级航空母舰

同级舰艇	"小鹰"号（CV-63）　"星座"号（CV-64） "美利坚"号（CV-66）　"肯尼迪"号（CV-67）
服役时间	1961—2009 年
生产厂商	纽波特纽斯造船厂　纽波特纽斯造船厂创立于 1886 年，总部位于美国弗吉尼亚州，它是美国规模最大的私人造船厂，也是美国目前唯一能够建造超级航空母舰的造船厂

TOP 4 "夏尔·戴高乐"号航空母舰

同级舰艇	"夏尔·戴高乐"号（R91）
服役时间	2001 年至今
生产厂商	法国舰艇建造局　法国舰艇建造局创立于 1631 年，总部位于法国巴黎。目前，法国舰艇建造局受法国国防部下属的装备部管辖，统一组织和协调海军装备的设计、生产、试验、维修和改装工作

TOP 3　"伊丽莎白女王"级航空母舰	
同级舰艇	"伊丽莎白女王"号（R08）　"威尔士亲王"号（R09）
服役时间	2017 年至今
生产厂商	英国宇航系统公司　英国宇航系统公司是 1999 年 11 月由英国航空航天公司和马可尼电子系统公司合并而成的跨国军火公司，其涵盖的军工产品范围十分广泛

TOP 2　"尼米兹"级航空母舰	
同级舰艇	"尼米兹"号（CVN-68）　"艾森豪威尔"号（CVN-69） "卡尔·文森"号（CVN-70）　"罗斯福"号（CVN-71） "林肯"号（CVN-72）　"华盛顿"号（CVN-73） "斯坦尼斯"号（CVN-74）　"杜鲁门"号（CVN-75） "里根"号（CVN-76）　"布什"号（CVN-77）
服役时间	1975 年至今
生产厂商	纽波特纽斯造船厂　纽波特纽斯造船厂创立于 1886 年，总部位于美国弗吉尼亚州，它是美国规模最大的私人造船厂，也是美国目前唯一能够建造超级航空母舰的造船厂

TOP 1　"福特"级航空母舰	
同级舰艇	"福特"号（CVN-78）"肯尼迪"号（CVN-79）"企业"号（CVN-80）
服役时间	2017 年至今
生产厂商	纽波特纽斯造船厂　纽波特纽斯造船厂创立于 1886 年，总部位于美国弗吉尼亚州，它是美国规模最大的私人造船厂，也是美国目前唯一能够建造超级航空母舰的造船厂

舰体尺寸和主力舰载机

TOP 10 "克莱蒙梭"级航空母舰

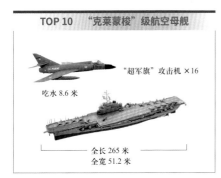

"超军旗"攻击机 ×16

吃水 8.6 米

全长 265 米
全宽 51.2 米

TOP 9 "福莱斯特"级航空母舰

F-14 "雄猫"战斗机 ×20

吃水 10.9 米

全长 326.1 米
全宽 76.8 米

TOP 8 "无敌"级航空母舰

"海鹞"垂直起降
战斗机 ×12

吃水 8 米

全长 209 米
全宽 36 米

TOP 7 "加富尔"号航空母舰

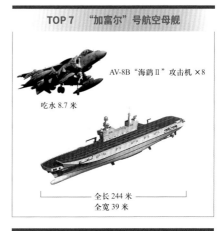

AV-8B "海鹞Ⅱ"攻击机 ×8

吃水 8.7 米

全长 244 米
全宽 39 米

TOP 6 "库兹涅佐夫"号航空母舰

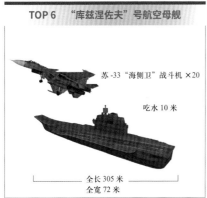

苏-33 "海侧卫"战斗机 ×20

吃水 10 米

全长 305 米
全宽 72 米

TOP 5 "小鹰"级航空母舰

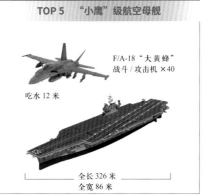

F/A-18 "大黄蜂"
战斗/攻击机 ×40

吃水 12 米

全长 326 米
全宽 86 米

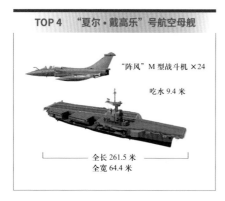

TOP 4　"夏尔·戴高乐"号航空母舰

"阵风"M 型战斗机 ×24

吃水 9.4 米

全长 261.5 米
全宽 64.4 米

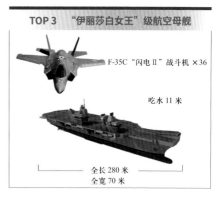

TOP 3　"伊丽莎白女王"级航空母舰

F-35C "闪电Ⅱ"战斗机 ×36

吃水 11 米

全长 280 米
全宽 70 米

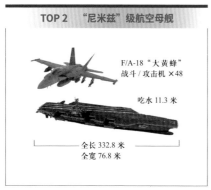

TOP 2　"尼米兹"级航空母舰

F/A-18 "大黄蜂"
战斗 / 攻击机 ×48

吃水 11.3 米

全长 332.8 米
全宽 76.8 米

TOP 1　"福特"级航空母舰

F-35C "闪电Ⅱ"战斗机 ×48

吃水 12 米

全长 337 米
全宽 78 米

 ## 基本战斗性能对比

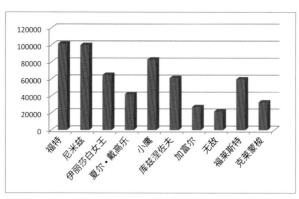

满载排水量对比图（单位：吨）

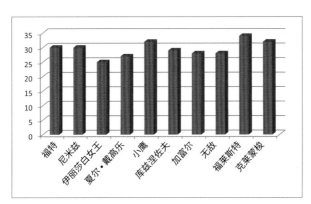

最高航速对比图（单位：节）

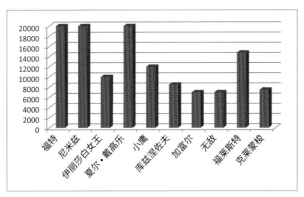

续航距离对比图（单位：海里）

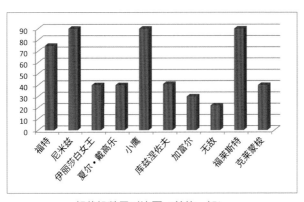

舰载机数量对比图（单位：架）

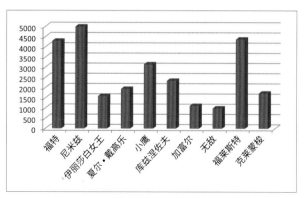

舰员人数对比图（单位：人）

"克莱蒙梭"级航空母舰

　　"克莱蒙梭"级航空母舰是法国自行建造的第一款航空母舰，目前已全部从法国海军退役，其中有一艘出售给巴西海军。

排名依据

"克莱蒙梭"级航空母舰曾是世界上唯一能起降固定翼飞机的中型航空母舰，具有与美国大型航空母舰相同的斜角甲板和相应设备。

"克莱蒙梭"级航空母舰结构图

研发历史

"克莱蒙梭"级航空母舰的建造计划于 1952 年提出，首舰"克莱蒙梭"号于 1955 年 11 月开工建造，1961 年 11 月服役。二号舰"福煦"号于 1957 年 2 月开工建造，1963 年 7 月服役。这两艘航空母舰服役后进行了多次改装，"克莱蒙梭"号于 1977 年 11 月至 1978 年 11 月、"福煦"号于 1980 年 7 月至 1981 年 8 月进行了第一次大改装。20 世纪 80 年代中后期，两舰又先后进行了第二次大改装。"克莱蒙梭"号于 1997 年 7 月退役，"福煦"号也于 2000 年提早退役并低价出售给巴西海军，经改装后重新命名为"圣保罗"号。

更名为"圣保罗"号后的"福煦"号

舰体构造

"克莱蒙梭"级航空母舰的飞行甲板长 259 米，宽 51.2 米，分为两个部分：一部分是舰首的轴向甲板，长 90 米，设有 1 部 BS5 蒸汽弹射器，可供飞机起飞；另一部分是斜角甲板，长 163 米，宽 30 米，甲板斜角为 8°，设有 1 部 BS5 蒸汽弹射器和 4 道拦阻索，既可供飞机起飞，又可供飞机降落。

"克莱蒙梭"级航空母舰的右舷上层设施前后各有 1 部 16×12 米的升降机。该级舰的机库长 180 米，宽 24 米，高 7 米，总面积为 4320 平方米，分隔成 3 个库区。

"克莱蒙梭"级航空母舰正面视角

||||▶ 战斗性能

"克莱蒙梭"级航空母舰建成时的舰载武器为 8 门 100 毫米自动舰炮，后来改装时用 2 座八联装"响尾蛇"防空导弹发射装置取代了其中 4 座舰炮。"克莱蒙梭"级航空母舰最多可以搭载 40 架各类舰载机，典型配置为 10 架 F-8"十字军"战斗机、16 架"超军旗"攻击机、3 架"军旗 IV"攻击机、7 架"贸易风"反潜机和 4 架"云雀 III"直升机。"克莱蒙梭"级航空母舰也可执行两栖作战任务，执行任务时，可装载 30～40 架大型直升机和 1 个齐装满员的陆战营，也可混合装载 18 架大型直升机和 18 架攻击机。

"克莱蒙梭"级航空母舰侧面视角

趣闻逸事

"克莱蒙梭"级航空母舰以乔治·克莱蒙梭的名字命名，他是法国一位政治家和新闻工作者，曾两次出任法国总理。一战时，他以76岁高龄第二次担任法国总理，在战争中稳健的表现为他赢得"胜利之父"的称号。

航行中的"克莱蒙梭"级航空母舰

TOP 9 "福莱斯特"级航空母舰

"福莱斯特"级航空母舰是二战结束后美国海军首批为配合喷气式飞机的诞生而建造的航空母舰，目前已经全部退役。

排名依据

"福莱斯特"级航空母舰的满载排水量比美国海军前一代的"中途岛"级航空母舰足足增加了1/4，满载排水量超过60000吨，被认为跨越了一个崭新的舰船尺码门槛。因此，"福莱斯特"级航空母舰被称为世界上第一种真正付诸生产的"超级航空母舰"。

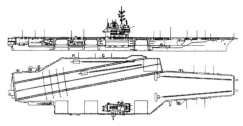

"福莱斯特"级航空母舰结构图

建造历程

　　"福莱斯特"级航空母舰是美国在二战后建造的第一级航空母舰，首舰"福莱斯特"号于 1952 年 7 月开工建造，1954 年 12 月下水，1955 年 10 月服役。二号舰"萨拉托加"号于 1952 年 12 月开工建造，1955 年 10 月下水，1956 年 4 月服役。三号舰"游骑兵"号于 1954 年 8 月开工建造，1956 年 9 月下水，

三号舰"游骑兵"号舰首视角

1957 年 8 月服役。四号舰"独立"号于 1955 年 7 月开工建造，1958 年 6 月下水，1959 年 1 月服役。20 世纪 80 年代，除"游骑兵"号之外的 3 艘同级舰均进行了延寿改装。

舰体构造

　　"福莱斯特"级航空母舰首次采用蒸汽弹射器，飞行甲板借鉴英国航空母舰的设计经验，将传统的直通式飞行甲板变为斜角、直通混合布置的飞行甲板，使整个飞行甲板形成起飞、待机和降落 3 个区域，可同时进行起飞和着舰作业。"福莱斯特"级航空母舰在舰首甲板与斜向飞行甲板最前端设有 4 具蒸汽弹射器，配合 4 座设在船侧的升降机，这些都是之后的

美国航空母舰一直沿用的标准设计。唯一不同的是"福莱斯特"级航空母舰的舰桥靠前，在右舷的升降机是"前一后二"的设计方式，而之后的美国航空母舰则采用"前二后一"的设计方式。

俯瞰"福莱斯特"级航空母舰

"福莱斯特"级航空母舰侧前方视角

⫸ 战斗性能

"福莱斯特"级航空母舰最多可以搭载 90 架舰载机，可搭载的机型包括 F-4"鬼怪 II"战斗机、F-14"雄猫"战斗机、F/A-18"大黄蜂"战斗 / 攻击机、EA-6B"徘徊者"电子作战飞机、E-2C"鹰眼"预警机、SH-3"海王"直升机、SH-60"海鹰"直升机等。在自卫武器方面，"福莱斯特"级航空母舰装有 3 座八联装 Mk 29"海麻雀"舰对空导弹发射装置和 3 座 Mk 15"密集阵"近程防御武器系统。动力装置由 4 台蒸汽涡轮机和 8 座锅炉组成，主机为 4 台减速齿轮式涡轮机，4 轴推进，总输出功率为 205800 千瓦。

"萨拉托加"号及其搭载的舰载机

趣闻逸事

"福莱斯特"级航空母舰以詹姆斯·福莱斯特（1892年2月15日至1949年5月22日）的名字命名，他在1944年5月19日至1947年9月17日期间担任美国海军部长，为最后一任内阁级海军部长。1947年美国设立国防部后，福莱斯特成为美国首任国防部长。

"福莱斯特"级航空母舰通过苏伊士运河

8 TOP "无敌"级航空母舰

"无敌"级航空母舰是英国于 20 世纪 70 年代建造的轻型传统动力航空母舰，一共建造了 3 艘，目前已经全部退役。

排名依据

"无敌"级航空母舰创造性地应用了"滑跃"式甲板，并首次采用全燃气轮机动力装置，使航空母舰这一舰种进入了不依赖弹射装置便可以起降舰载战斗机的新时期。"滑跃"式甲板可在载重量不变的情况下使舰载机滑跑距离减少60%，在滑跑距离不变的情况下可使舰载机载重增加20%。这个起飞方式后来被各国的轻型航空母舰普遍采用。

"无敌"级航空母舰结构图

建造历程

20 世纪 60 年代中期，由于国防预算大幅削减，英国取消了计划中的 CAV-01 大吨位攻击型航空母舰项目，但为了在北约框架内完成海上保护交通线的使命，仍决定设计建造一种以反潜为主、兼具防空作战能力的大型主力战舰，即"无敌"级航空母舰。首舰"无敌"号于 1973 年 7 月开工建造，1980 年 7 月服役。二号舰"卓越"号于 1982 年 6 月服役，三号舰"皇家方舟"号于 1985 年 11 月服役。"无敌"号于 2005 年 7 月退为预备役直至 2010 年，之后退役被拆解。"皇家方舟"号于 2011 年退役，并出售给土耳其拆解。2014 年 8 月，"卓越"号正式退役。

"无敌"级航空母舰前方视角

舰体构造

"无敌"级航空母舰外形上的突出特点就是舰首的"滑跃"式甲板，其飞行甲板前端约 27 米长的一段被做成平缓曲面，向舰首上翘，"无敌"号和"卓越"号的上翘角度为 7°，"皇家方舟"号的上翘角度为 12°。"无敌"级航空母舰的机库高 7.6 米，占有 3 层甲板，长度约为舰长的 75%，可容纳 22 架飞机，机库两端各有 1 部升降机。

"无敌"级航空母舰侧面视角

战斗性能

"无敌"级航空母舰的标准载机为 12 架"海鹞"垂直起降战斗机和

10架"海王"直升机。"海鹞"垂直起降战斗机主要担负争夺制空权、舰队防空、武力投送等任务，此外也能支援反潜作战。"海王"直升机是美制SH-3"海王"直升机的英国版，主要有反潜型和运输型两种。由于"海鹞"垂直起降战斗机在空战性能上无法与传统起降超音速战机相提并论，"无敌"级航空母舰本身必须装备足够的防空武器才能有效维护自身安全，其主要

武器为"海标枪"防空导弹（备弹36枚），该导弹为半主动雷达制导，射程40千米，最大速度2马赫，有一定的反舰能力。

"无敌"级航空母舰侧后方视角

趣闻逸事

1982年英阿马岛之战，"无敌"号在与阿根廷对抗时，没有一架舰载机被阿方击落。但仍暴露出预警能力不足的缺陷。战后，皇家海军为每艘航空母舰配备了3架AEW"海王"预警直升机，每架直升机配备1部"搜水"雷达。后来，又陆续加装了一系列装备。

俯瞰"无敌"号航空母舰

"加富尔"号航空母舰

"加富尔"号航空母舰是意大利在 21 世纪建造的第一艘航空母舰，取代"加里波第"号航空母舰成为意大利海军的旗舰。

排名依据
加富尔"号航空母舰是目前意大利海军排水量最大的水面舰艇，它与"地平线"级驱逐舰和欧洲多任务护卫舰一起组成了颇具欧洲特色的海上远洋舰队，是意大利海军的核心和主力。该舰拥有完善的探测与作战系统，兼具轻型航空母舰与两栖运输舰的功能。

"加富尔"号航空母舰结构图

建造历程

1998 年年初，意大利国防委员会批准了建造新型多用途航空母舰的计划，但由于意大利海军预算缩减，该计划被迫延后 1 年左右。另外，由于受到经费限制，新型航空母舰的尺寸、体积和排水量都被缩减了。新舰"加富尔"号于 2001 年开工建造，采用了分段建造的新方法。2008 年 3 月，"加富尔"号航空母舰开始服役。

"加富尔"号航空母舰参加军事演习

舰体构造

"加富尔"号航空母舰采用全通飞行甲板，采用了英国"无敌"号航空母舰的"滑跃"式甲板设计，其飞行甲板长 220 米、宽 34 米，起飞航道长 180 米、宽 14 米，斜向甲板倾斜度为 12°，有 1 个合成孔径雷达平台突出在外。该舰的生活环境非常舒适，能为每位人员提供高品质的住宿条件和服务。高级船员和军官使用单人间或双人间，中士以下使用四人间，公用区仅用于海军陆战队队员。

"加富尔"号航空母舰侧前方视角

战斗性能

"加富尔"号航空母舰装备相控阵雷达和垂直导弹发射系统，采用"滑跃"起飞、垂直降落的方式，可以操作 AV-8B "海鸥 II" 攻击机和 F-35 战斗机，并具备一定的两栖突击作战能力。该舰的自卫武器为 4 座八联装 A-43 "席尔瓦"导弹发射装置（发射"阿斯特"15 型防空导弹）、2 门 76 毫米超高速舰炮、3 门 25 毫米防空炮。"加富尔"号航空母舰的舰载机停放区位于跑道旁边，可停放 12 架舰载直升机（EH-101）或 8 架固定翼舰载机（AV-8B 或 F-35）。甲板上有 6 个直升机起降区，可以起降中型直升机。

港口中的"加富尔"号航空母舰

趣闻逸事

　　"加富尔"号航空母舰的名称是为了纪念意大利著名政治家卡米洛·奔索·迪·加富尔（1810年8月10日至1861年6月6日），他是意大利开国三杰之一，曾担任撒丁王国首相，也是意大利王国的第一任首相。2004年7月，"加富尔"号航空母舰在热那亚下水，时任意大利总统钱皮在下水仪式上发表了热情的演说。

港口中的"加富尔"号航空母舰

"库兹涅佐夫"号航空母舰

"库兹涅佐夫"号航空母舰是苏联时期建造的大型航空母舰，目前是俄罗斯海军唯一的现役航空母舰，部署于俄罗斯海军北方舰队。

排名依据

"库兹涅佐夫"号航空母舰集当时苏联科技发展之大成，是苏联海军历史上第一艘真正意义上的航空母舰。与西方航空母舰相比，"库兹涅佐夫"号的定位有所不同，苏联称之为"重型航空巡洋舰"，它没有装备平面弹射器，却可以起降重型战斗机。即使不依赖舰载机，该舰仍有相当强大的战斗力。"库兹涅佐夫"号航空母舰可以防卫和支援战略导弹潜艇及水面舰艇，也可以搭载舰载机进行独立巡弋。

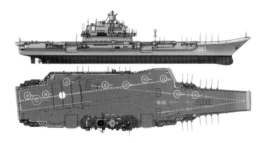

"库兹涅佐夫"号航空母舰结构图

建造历程

1983 年 2 月 22 日，苏联开始在尼古拉耶夫造船厂建造第一艘大型航空母舰，该舰先后被命名为"苏联"号、"克里姆林宫"号、"布里兹涅夫"号、"第比利斯"号，1991 年服役时更名为"库兹涅佐夫"号，舷号 063。该级舰的二号舰"瓦良格"号于 1985 年 12 月开工建造，但最终由于苏联解体、经济衰退而被迫下马。

侧面视角

舰体构造

与美国"尼米兹"级航空母舰相仿，"库兹涅佐夫"号航空母舰的飞行甲板采用斜直两段式，斜角甲板长 205 米，宽 23 米，与舰体轴线呈 7°夹角，其甲板后部安装了 4 道拦截索以及紧急拦机网。飞行甲板右舷处安装了 2 座甲板升降机，分别位于岛式舰桥的前后方。出于成本考虑，飞行甲板起飞段采用上翘 12°的"滑跃"式甲板，而非平面弹射器。

侧后方视角

尾部视角

战斗性能

一般情况下，"库兹涅佐夫"号航空母舰的载机方案为 20 架苏 -33 战斗机、15 架 Ka-27 反潜直升机、4 架 Su-25UGT 教练机和 2 架 Ka-31 预警直升机。该舰的舰载机需要使用自身的动力，由跳板升空。这种设计比起采用平面弹射器的航空母舰具备更高的飞机起飞角度和高度，所需要的操作人员较少，但也带来了舰载机设计难度大、起飞重量受限、对飞行员技术要求高等弊端。

"库兹涅佐夫"号航空母舰的自身防御火力超过了美国"尼米兹"级航空母舰。一般来说，航空母舰仅配备少量的防御自卫武器，防御任务主要靠航空母舰编队的护卫舰艇和航空母舰上的舰载机来担负。然而，"库兹涅佐夫"号航空母舰除舰载机外，还拥有大量的武器装备，其战斗力比普通巡洋舰都强。

"库兹涅佐夫"号航空母舰的"滑跃"甲板

趣 闻 逸 事

"库兹涅佐夫"号航空母舰的舰名来源于苏联海军元帅尼古拉·格拉西莫维奇·库兹涅佐夫,他是二战时期的苏联海军总司令、"苏联英雄"称号获得者。

2005年,1架Su-33战斗机发生事故,从"库兹涅佐夫"号航空母舰坠入1100米深的海底。为了保护舰载机的机密,俄罗斯军方使用深水炸弹将其炸毁。2007年12月,"库兹涅佐夫"号航空母舰无预警通过挪威海域,并在此区域进行演习,为避免与演习舰载机相撞,挪威的直升机服务被迫暂停。

航行中的"库兹涅佐夫"号航空母舰

"小鹰"级航空母舰

"小鹰"级航空母舰是"福莱斯特"级航空母舰的大幅强化版本，也是美国海军最后一级传统动力航空母舰。

排名依据

"小鹰"级航空母舰是迄今为止世界各国建造的航空母舰中排水量最大的一级传统动力航空母舰，其综合作战性能虽不及核动力航空母舰，但仍不失为美国海军航空母舰中的骨干力量。

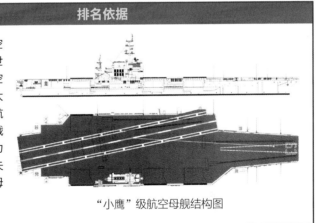

"小鹰"级航空母舰结构图

建造历程

20世纪50年代，美国建造的"福莱斯特"级航空母舰被称为"超级航空母舰"，但在服役过程中仍发现了一些不足，许多因设计欠佳而导致的缺点日渐显露。因此，在1956年建造第五艘"福莱斯特"级航空母舰时，美国海军对其进行了大幅改进，并重新命名为"小鹰"级航空母舰。首舰"小鹰"号于1956年12月27日开工建造，1961年4月29日开始服役。

在二号舰"星座"号建造完成后，美国海军原计划以新发展的6艘"企业"

级核动力航空母舰接替传统动力航空母舰的地位，但因技术不成熟、成本过高等原因，最终只有"企业"号1艘建成服役。之后，美国海军又恢复了传统动力航空母舰的建造，从而促成了"小鹰"级航空母舰三号舰"美利坚"号和四号舰"肯尼迪"号的诞生。

航行中的"小鹰"级航空母舰

舰体构造

"小鹰"级航空母舰在总体设计上沿袭了"福莱斯特"级航空母舰的设计特点，其舰型特点、尺寸、排水量、动力装置等都与"福莱斯特"级航空母舰基本相同，但"小鹰"级航空母舰在上层设施、防空武器、电子设备、舰载机配备等方面均做了较大改进。"小鹰"级航空母舰共拥有4道MK-7拦阻索、4具C-13蒸汽弹射器，飞行甲板面积有所增加，飞行甲板的布局也有所改良。

正面视角

"福莱斯特"级航空母舰的左舷升降机设在斜甲板前端，飞机降落时无法使用，而"小鹰"级将其移动到斜甲板后端。"小鹰"级航空母舰的3座右舷升降机有2座在舰桥前方，1座在舰桥后方，刚好与"福莱斯特"级航空母舰相反。此外，"小鹰"级航空母舰的升降机造型也做了改进，以便停放较长的飞机。

后方视角

战斗性能

  "小鹰"级航空母舰最多可以搭载 90 架舰载机，曾搭载的机型包括 F-14"雄猫"战斗机、F/A-18"大黄蜂"战斗/攻击机、A-6E"入侵者"攻击机、EA-6B"徘徊者"电子作战飞机、KA-6D 加油机、E-2C"鹰眼"预警机、SH-3"海王"直升机、SH-60"海鹰"直升机等。由于改进了升降机的配置方式，"小鹰"级航空母舰的舰载机从机库运上甲板并抵达前方弹射器的时间大大缩短，提高了作战效率。由于舰员人数众多，"小鹰"级航空母舰的各种生活配套设施也十分完善。该级舰的主机为西屋公司的 4 台蒸汽锅炉，总功率约 206000 千瓦。该舰有极强的发电能力，总发电量为 2 万千瓦时。

"小鹰"级航空母舰（左）和"提康德罗加"级巡洋舰（右）

趣闻逸事

  "小鹰"级航空母舰是以美国北卡罗来纳州的小鹰镇命名的，当地也是莱特兄弟首次成功飞行的地点。2009年，首舰"小鹰"号退役，被"尼米兹"级航空母舰的十号舰"布什"号取代。"小鹰"号不仅是服役最久的同级舰，也是美国海军最后一艘退役的传统动力航空母舰。此后，美国海军的航空母舰全部核动力化。

满载舰载机的"小鹰"级航空母舰

"夏尔·戴高乐"号航空母舰

"夏尔·戴高乐"号航空母舰是目前法国海军仅有的一艘现役航空母舰，也是法国海军的旗舰，从2001年服役至今。

排名依据

　　"夏尔·戴高乐"号航空母舰是法国海军第一艘核动力航空母舰，也是世界上唯一非美国海军所属的核动力航空母舰。该舰拥有先进的作战系统以及侦测/电子战系统，并配备了强大的舰载防空武器。"夏尔·戴高乐"号航空母舰的纵向摇晃被控制在0.5°以内，在六级海况下仍能让25吨级舰载机起降，当以20节航速、30°舵角转弯时，舰体仅倾斜1°，这种表现较美国10万吨级的"尼米兹"级航空母舰毫不逊色。

"夏尔·戴高乐"号航空母舰结构图

建造历程

　　早在20世纪70年代中期，法国就已经计划建造下一代航空母舰，以取代常规动力航空母舰"克莱蒙梭"号和"福煦"号，但新舰的龙骨直到1989年4月才安放。由于冷战结束和法国财政困难等原因，"夏尔·戴高乐"号航空母舰的工期一再延误，直到1994年5月才建成下水。2001年5月，

"夏尔·戴高乐"号航空母舰正式服役，母港为法国土伦。按照传统编制，法国海军会采取同时拥有两艘航空母舰的编制，以确保纵使在其中一艘进厂维修时，还有另一艘可以值勤。然而，由于"夏尔·戴高乐"号航空母舰的造价过于昂贵，法国政府并没有兴建另一艘同级舰。

港口中的"夏尔·戴高乐"号航空母舰

舰体构造

　　"夏尔·戴高乐"号航空母舰在设计时考虑到了隐身性能，舰体设计十分强调防护能力。该舰拥有完全符合北约标准的核生化防护能力，舰上绝大部分舱室都采用气密式结构。与美国的核动力航空母舰一样，"夏尔·戴高乐"号航空母舰也采用全通式斜角飞行甲板，而不采用欧洲航空母舰常见的"滑跃"式甲板设计。受限于法国船厂、船坞设施的尺寸，"夏尔·戴高乐"号航空母舰的水线长度与宽度都与"克莱蒙梭"级航空母舰相仿，主要依靠增加飞行甲板的外扩来增加可用面积。由于吨位仅有美国同类舰只的一半，所以，"夏尔·戴高乐"号航空母舰仅配备了 2 座弹射器，而美军的核动力航空母舰通常配备 4 座弹射器。

正面视角

俯瞰图

◢▌▌★◣ 战斗性能

　　"夏尔·戴高乐"号航空母舰装有法国最新的"阿斯特"15型防空导弹与"萨德拉尔"轻型短程防空导弹系统（发射"西北风"导弹），并配有非常先进的电子设备，使整体攻击能力远远超过法国以往拥有过的几艘航空母舰。"夏尔·戴高乐"号航空母舰的舰载机容量只有美国同类舰艇的一半（约40架），主要包括海基版本的"阵风"M型战斗机与"超军旗"攻击机两款法制战斗机，以及美制的E-2C"鹰眼"预警机。

侧面视角

趣 闻 逸 事

　　"夏尔·戴高乐"号航空母舰得名于法国著名军事将领与政治家夏尔·戴高乐，他曾在二战期间领导"自由法国"运动，并在战后担任法兰西第五共和国第一任总统。

　　2001年，"9·11"事件发生后，为了协助美军进行"永久自由"行动，打击阿富汗塔利班政权，"夏尔·戴高乐"号与随行的护卫舰队首度穿过苏伊士运河进入印度洋，至少进行了140次侦察与轰炸任务。

航行中的"夏尔·戴高乐"号航空母舰

电子设备

　　"夏尔·戴高乐"号航空母舰拥有先进的作战系统以及侦测 / 电子战系统。作战系统方面，该舰使用的是法国汤姆森 CSF 公司新型的 Senit 8 系统，能同时追踪 2000 个目标，并全自动联结所有侦测装备与武装进行接战。其他电子装备包括 1 部 DRBV-26D 长程对空搜索雷达、1 部 DRBV-15C "海虎" E/F 频平面搜索雷达、2 部雷卡 1229 型 DRBN-34A 导航雷达、2 部萨基姆 Vigy-105 光电侦测仪以及 2 套"吸血鬼"红外线侦搜系统等。

"夏尔·戴高乐"号航空母舰上层建筑特写

▐▐▐▶ 实战掠影

　　2007 年 2 月 11 日至 5 月 15 日，以"夏尔·戴高乐"号航空母舰为旗舰的第 473 特混舰队执行代号为"2007 阿加潘特行动"的印度洋海外部署作战任务。

　　2011 年 3 月 19 日，第 473 特混舰队出征利比亚，代号为"哈马丹风行动"，空中打击力量为"夏尔·戴高乐"号航空母舰上的"阵风"M 型战斗机，现代化改进的"超军旗"攻击机等；3 月 20 日出发，3 月 22 日到达指定部署海域；从 3 月 23 日开始至 31 日，与北约各国海军联合行动，进行了轰炸。同年 4 月 1 日开始到 8 月，"夏尔·戴高乐"号航空母舰上的舰载机开始采取单独行动，代号为"统一保护者行动"。8 月 12 日，"夏尔·戴高乐"号航空母舰返回土伦港，结束了利比亚部署任务。

　　2015 年 11 月，为了报复"伊斯兰国"在法国发起的巴黎恐怖攻击事件与查理周刊枪击事件，"夏尔·戴高乐"号航空母舰战斗群前往波斯湾，以舰载飞机对恐怖组织"伊斯兰国"大本营进行空袭行动。

"夏尔·戴高乐"号航空母舰搭载的"阵风"M 型战斗机

"夏尔·戴高乐"号航空母舰发射"阿斯特"15 型导弹

"夏尔·戴高乐"号航空母舰左舷后方视角

TOP 3 "伊丽莎白女王"级航空母舰

　　"伊丽莎白女王"级航空母舰是英国正在建造的新一代大型航空母舰，计划建造 2 艘，首舰于 2017 年开始服役。

排名依据

　　"伊丽莎白女王"级航空母舰的满载排水量约65000吨，几乎比"无敌"级航空母舰大了3倍，也是英国有史以来建造的最大船舰和除美国之外世界上最大的航空母舰。该级舰将取代以反潜作战为主要任务、只能搭载数量有限的攻击型舰载机的"无敌"级航空母舰，将作为未来英国海军的远洋主力。

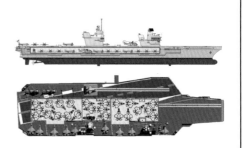

"伊丽莎白女王"级航空母舰结构图

建造历程

　　20 世纪 80 年代，英国从英阿马岛战争中认识到航空母舰在远洋作战中的巨大优势，决心发展新一代航空母舰。无奈受限于窘迫的财政状况，建造计划一直无法落实。英国和法国曾试图共同研发新型航空母舰，但最终未能如愿。到了 21 世纪初，眼见"无敌"级航空母舰先后退役，英国终于痛下决心单独出资建造两艘大型航空母舰，即"伊丽莎白女王"级航空母舰。首舰"伊丽莎白女王"号（HMS Queen Elizabeth R08）于 2014 年

建造中的"伊丽莎白女王"号

7 月 8 日建成下水，2017 年开始服役。二号舰"威尔士亲王"号（HMS Prince of Wales R09）于 2011 年 5 月开始建造，2017 年建成下水，2019 年开始服役。

舰体构造

　　"伊丽莎白女王"级航空母舰的飞行甲板配有 2 座升降机，均位于右舷，2 座升降机的载重能力为 70 吨级，能在 60 秒内将飞机从机库运送至飞行甲板。该级舰的飞行甲板总面积约 13000 平方米，涂有防滑抗热涂装，舰首设有一个仰角为 13°的"滑跃"式甲板。"滑跃"式甲板为英国航空母舰传统的设计风格，只占据飞行甲板前端的一半，另一半用于停放飞机。起飞跑道末端

设有 1 个折流板，整个飞行甲板规划有 6 个直升机起降点。由于预算不足，"伊丽莎白女王"级航空母舰的动力装置并未使用昂贵的核反应堆，而是使用了较便宜的柴油机及发电机组。

前方视角

航空母舰的舰岛

战斗性能

　　"伊丽莎白女王"级航空母舰的自卫武器相当强悍，包括 3 座美制 Mk 15 Block 1B "密集阵" 近程防御武器系统，以及 4 门 30 毫米 DS30M 遥控机炮。"伊丽莎白女王"级航空母舰的战斗性能要求其必须搭载 40 架以上的舰载机，其中至少要有 36 架 F-35C "闪电 II" 战斗机，其他舰载机有 "阿帕奇" 直升机、"支奴干" 直升机、"灰背隼" 直升机和 "野猫" 直升机等。"伊丽莎白女王"级航空母舰首创 "滑跃" 式甲板结合 "电磁弹射器" 的新技术，F-35C "闪电" 战斗机使用弹射方式升空，大幅提升了机身载重。为了最大限度地降低人力需求，"伊丽莎白女王"级航空母舰又大幅提高了自动化程度，同时在舰上人员的日常管理方面花了许多功夫。

"伊丽莎白女王"级航空母舰想象图

趣闻逸事

　　"伊丽莎白女王"级航空母舰得名于英国女王伊丽莎白一世，她是英国都铎王朝的末代君主，也是英国历史上最伟大的君主之一。在她统治时期，英国在各个方面都取得了令世人瞩目的成就，为日后英国成为世界强国奠定了坚实的基础。

　　2014年7月4日，英国女王伊丽莎白二世主持了"伊丽莎白女王"号航空母舰的命名仪式及下水典礼，由海军上将爱丁堡公爵菲利普亲王、时任第一海务大臣桑必立爵士陪同。此外，即将卸任的英国首相戈登·布朗以及即将继任首相的卡梅伦也一同参加了命名仪式。

下水后的首舰"伊丽莎白女王"号

▶ 电子设备

　　"伊丽莎白女王"级航空母舰的主雷达为英国宇航系统公司的997型"工匠"中程三坐标多功能雷达，该雷达还包含有"勇敢"级驱逐舰上安装的"桑普森"多功能雷达的子系统，其设计可靠性更强，并降低了维护需求。"伊丽莎白女王"级航空母舰采用法国泰雷兹集团生产的S1850M远程电子扫描搜索雷达作为主对空雷达，还安装了SMART-L多用途雷达、超电子系列2500型电光学系统（EOS）和声光导航（NLSS）信号系统。

"伊丽莎白女王"级航空母舰上层建筑特写

▶ 实战掠影

　　2018年3月，"伊丽莎白女王"号航空母舰进行首次远航测试训练，在回航途中与"春潮"号补给舰（英国向韩国订购的"潮汐"级补给舰的首舰）尝试了首次海上补给，但因天气恶劣训练未能完成。

　　2020年10月，在北约年度"联合战士"演习中，"伊丽莎白女王"号航空母舰领导8艘来自英国、美国、荷兰等北约盟国的军舰首度合体形成航空母舰打击群。此次演习共有3000名士兵参加，规模为历史同类演习中最大。演习中，"伊丽莎白女王"号航空母舰搭载了15架F-35B战斗机。

高速航行的"伊丽莎白女王"级航空母舰

"伊丽莎白女王"级航空母舰侧后方视角

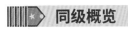 同级概览

舷号	舰名	开工时间	下水时间	服役时间
R08	"伊丽莎白女王"号	2009 年 7 月	2014 年 7 月	2017 年 12 月
R09	"威尔士亲王"号	2011 年 5 月	2017 年 12 月	2019 年 12 月

"伊丽莎白女王" 号航空母舰俯视图

"威尔士亲王" 号航空母舰左舷后方视角

"伊丽莎白女王"号航空母舰左舷前方视角

"尼米兹"级航空母舰

"尼米兹"级航空母舰是美国海军现役的核动力航空母舰,该舰作为美国海军远洋战斗群的核心力量,可搭载多种不同用途的舰载机对敌方飞机、舰船、潜艇和陆地目标发动攻击。

排名依据

"尼米兹"级航空母舰是美国海军现役唯一一级航空母舰,自服役以来一直是美军乃至全世界排水量最大的军舰,综合作战能力在同类舰艇中首屈一指。数十年来,"尼米兹"级航空母舰在世界范围内频繁活动,参与了美军大多数对外军事行动。

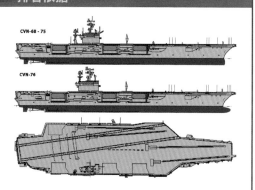

"尼米兹"级航空母舰结构图

建造历程

1961 年,美国海军第一艘核动力航空母舰"企业"号(CVN-65)服役后,由于其造价太过昂贵,美国一度停止建造核动力航空母舰。直到 1965 年越南战争爆发以后,美国国防部才意识到核动力航空母舰无与伦比的持续作战能力以及全寿命周期的成本效益。1968 年 6 月,美国开始建造新一级核动力航空母舰,即"尼米兹"级航空母舰。该级舰一共建造了 10 艘,首舰"尼米兹"号于 1975 年开始服役,十号舰"布什"号于 2009 年开始服役。"尼

米兹"级航空母舰前 3 艘和后 7
艘的规格略有不同，因此也有人
将后 7 艘称为"罗斯福"级。不过，
美国海军对这两种舰只构型并不
做区别，一律称呼为"尼米兹"级。

八号舰"杜鲁门"号航空母舰返回母港

舰体构造

  "尼米兹"级航空母舰采用封闭式飞机甲板，机库甲板以下的船体为
整体的水密结构，由内外两层壳体组成。机库甲板以上共分 9 层，飞行甲板
以下为 4 层，飞行甲板上的岛形上层建筑为 5 层。"尼米兹"级航空母舰的
斜角飞行甲板长 238 米，斜角甲板与舰体中心线夹角为 9.5°，比先前几型
美国航空母舰稍低。该级舰装

六号舰"华盛顿"号航空母舰侧后方视角

有 2 具 A4W 核反应堆（总功率

达 191230 千瓦），更换铀燃料
棒的频率为 13 年 / 次，具有较
好的寿命周期成本效益。"尼米
兹"级航空母舰的防护设计相当
优越，抵抗战损的能力比二战时
期的美国主力航空母舰"埃塞克
斯"级航空母舰高 3 倍以上。

战斗性能

  从排水量来说，"尼米兹"级航空母舰是目前世界上最大的现役航空母舰，
满载排水量已超过 10 万吨，而 10 艘"尼米兹"级航空母舰的总排水量超过
100 万吨。该级舰可搭载 90 架舰载机，均是美国海军目前最先进的舰载机型，
包括 F/A-18"大黄蜂"战斗 / 攻击机、EA-18G"咆哮者"电子作战飞机、E-2"鹰

眼"预警机、MH-60"海鹰"直升机、C-2"灰狗"运输机等。

"尼米兹"级航空母舰装备4座升降机、4具蒸汽弹射器和4道拦阻索，在作战条件下，理论上4具蒸汽弹射器能以平均每分钟2架的速率将所有舰载机弹射升空，不过由于蒸汽弹射器会消耗推进系统产生的蒸汽，连续高速弹射8架舰载机之后，"尼米兹"级航空母舰的最高航速会从30节降至22节，必须暂停弹射作业等待锅炉蒸汽压力恢复。

五号舰"林肯"号航空母舰

趣闻逸事

"尼米兹"级航空母舰得名于美国海军五星上将切斯特·尼米兹，他在二战时期先后担任美国太平洋舰队总司令、太平洋战区盟军总司令等职务，二战后曾担任美国海军作战部部长。

1985年1月至4月，三号舰"卡尔·文森"号在印度洋海域连续执行勤务达107天。同年，"卡尔·文森"号上的F-14/A"雄猫"战斗机参与了电影《壮志凌云》的拍摄。

2011年2月6日，为纪念里根总统100周年诞辰，由九号舰"里根"号上起飞的"黑骑士"舰载机中队飞越了位于加州西米谷的里根总统图书馆。

"艾森豪威尔"号航空母舰及其舰载机编队

"华盛顿"号航空母舰在硫磺岛附近航行

电子设备

　　"尼米兹"级航空母舰都装设完整的海军战术数据系统（NTDS）以及反潜目标鉴定分析中心（ASCAC）。反潜目标鉴定分析中心可迅速让航空母舰本身、护航舰艇快速分享彼此获得的资料。侦测方面，"尼米兹"级航空母舰的舰桥顶部设有 1 部 AN/SPS-48E 三维对空搜索雷达，上层建筑后方设有 1 座独立桅杆，顶部装有 1 部 AN/SPS-49 长程对空搜索雷达，主桅杆顶部设有 1 部 AN/SPQ-9A 追踪雷达。

"尼米兹"级航空母舰的岛式上层建筑

实战掠影

　　1976 年 7 月 7 日，"尼米兹"号航空母舰被部署至地中海，跟随的军舰有巡洋舰"南卡罗莱纳"号和"加利福尼亚"号，这是 10 年来美国首次在地中海部署核动力军舰。

　　1986 年 5 月和 6 月，"卡尔·文森"号航空母舰参与了包括 1986 年环太平洋联合军事演习在内的多次军事演习。同年 8 月 12 日它出海执行第二次海外任务，成为第一艘在白令海执行任务的美国航空母舰。

　　1990 年 8 月，伊拉克发动奇袭占领了科威特，"艾森豪威尔"号航空母舰是第一艘赶至红海驰援科威特的航空母舰，也是历史上第二艘曾经通过苏伊士运河的核动力航空母舰。

1990 年 12 月 28 日，"西奥多·罗斯福"号航空母舰搭载第 8 航空母舰飞行大队（CVW-8）出发前往波斯湾，是美国海军在海湾战争（美军行动代号为"沙漠之盾"）中的主要作战力量。

1993 年 4 月 28 日，"林肯"号航空母舰成为美国海军有史以来第一艘接纳女性飞行员的航空母舰。1994 年 10 月 25 日，这名女性飞行员在驾驶 F-14 战斗机降落时坠海身亡。

2011 年 6 月 16 日，已经全部装备 F/A-18E/F"超级大黄蜂"战斗 / 攻击机的美国海军第 5 航空母舰飞行大队从美国驻日本厚木海军航空基地出发，飞抵"乔治·华盛顿"号航空母舰，使其成为美国海军首艘全部装备"超级大黄蜂"战斗 / 攻击机的航空母舰。

"尼米兹"级航空母舰机库特写

"尼米兹"级航空母舰甲板上大量停放舰载机

◇ **同级概览**

舷号	舰名	开工时间	下水时间	服役时间
CVN-68	"尼米兹"号	1968 年 6 月	1972 年 5 月	1975 年 5 月
CVN-69	"艾森豪威尔"号	1970 年 8 月	1975 年 10 月	1977 年 10 月
CVN-70	"卡尔·文森"号	1975 年 10 月	1980 年 3 月	1982 年 3 月
CVN-71	"罗斯福"号	1981 年 10 月	1984 年 10 月	1986 年 10 月
CVN-72	"林肯"号	1984 年 11 月	1988 年 2 月	1989 年 11 月
CVN-73	"华盛顿"号	1986 年 8 月	1990 年 7 月	1992 年 7 月
CVN-74	"斯坦尼斯"号	1991 年 3 月	1993 年 11 月	1995 年 12 月
CVN-75	"杜鲁门"号	1993 年 11 月	1996 年 9 月	1998 年 7 月
CVN-76	"里根"号	1998 年 2 月	2001 年 3 月	2003 年 7 月
CVN-77	"布什"号	2003 年 9 月	2006 年 10 月	2009 年 1 月

"卡尔·文森"号航空母舰侧前方视角

"林肯"号航空母舰在阿拉伯海航行

美国海军"蓝天使"飞行表演队在"布什"号航空母舰上空飞行

"福特"级航空母舰

"福特"级航空母舰是美国正在建造的新一代核动力航空母舰，服役后将取代"尼米兹"级航空母舰成为美国海军舰队的新骨干。

排名依据

美国是世界上航空母舰数量最多的国家，其航母的性能也最先进，作为未来美国海军的重要装备，"福特"级航空母舰拥有许多引领潮流的先进设计（如电磁弹射器、飞机回收系统等)，作战能力大幅提升，其排水量也将超过"尼米兹"级航空母舰成为新的世界纪录。

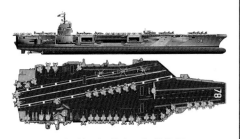

"福特"级航空母舰结构图

建造历程

1996 年，美国海军开始正式研究"尼米兹"级航空母舰的后继项目，最初称为 CVNX 项目，后改为 CVN-21 项目。该项目曾有不少十分前卫、超越现今航空母舰设计理念的构型，不过考虑到成本、风险与实用性，美国海军最后还是选择由"小鹰"级航空母舰到"尼米兹"级航空母舰一脉相承的传统构型进行改良。2007 年 1 月，美国官方将新一代航空母舰的首舰正式命名为"福特"号。

2009 年 11 月，"福特"号开始建造，2013 年 10 月下水，2017 年正式服役。二号舰"肯尼迪"号于 2015 年 8 月开始建造，2019 年下水，预计 2022 年开始服役。三号舰"企业"号及其他同级舰计划于 2020 年后陆续开始建

建造中的"福特"号航空母舰

造，总建造数量计划为 10 艘，最终将完全取代"尼米兹"级航空母舰。

舰体构造

与"尼米兹"级航空母舰相比，"福特"级航空母舰有 3 个重点改良方向，包括全面提升作战能力、改善官兵在舰上的生活品质以及降低成本。"福特"级航空母舰的舰体设计更加紧凑，并且具备隐形能力。该级舰有 2 座机库、3 座升降台，配合加大的飞行甲板，能够大幅提升战机出击率。动力系统方面，

"福特"级航空母舰采用了新型 A1B 核反应堆，发电量为"尼米兹"级航空母舰的 3 倍，在服役期间（50 年）不用更换核燃料棒。此外，"福特"级航空母舰的舰员舱也有所改进，每个住舱都配有卫生间，舰员生活空间也更私密。

测试中的"福特"号航空母舰

战斗性能

"福特"级航空母舰配备了 4 套电磁弹射系统（EMALS）和先进的飞机回收系统（含 3 道拦截索和 1 道拦截网），比传统蒸汽弹射器和拦阻索的效率更高，甚至能起降无人机。"福特"级航空母舰计划搭载的舰载机

有 F-35C "闪电 II" 战斗机、F/A-18E/F "超级大黄蜂"战斗 / 攻击机、EA-18G "咆哮者"电子作战飞机、E-2D "鹰眼"预警机、MH-60R/S "海鹰"直升机、联合无人空战系统（J-UCAS）等。由于"福特"级航空母舰的整体自动化程度较"尼米兹"级航空母舰大为提高，所以人力需求大大降低。

尾部视角

侧后方视角

趣 | 闻 | 逸 | 事

"福特"级航空母舰得名于美国第37任副总统后晋升第38任总统的杰拉尔德·福特，他是美国历史上第一位未经选举就接任副总统以及总统的人。2013年10月11日，一号舰"福特"号的船坞开始注水，下水仪式邀请了福特总统的女儿苏珊·福特按下注水的启动按钮。

苏珊·福特在"福特"号航空母舰下水前巡视船坞

▮▮▮▷ 电子设备

　　"福特"级航空母舰大量采用先进的侦测、电子战系统以及 C4I 设备（包括 CEC 协同接战能力），以符合美国海军未来 IT-21 联网作战的要求。

舰上各型相控阵雷达、卫星通信、资料传输链、电子战系统与联合精确进场暨降落系统的天线整合于舰桥结构内，或置于舰桥顶部的轻量化桅杆上。舰上的作战与指管通情系统将采用开放式的架构，大量使用民间商规组建，以利于服役生涯中的维护与升级作业。在规划阶段，"福特"级航空母舰最主要的侦测系统是与"朱姆沃尔特"级驱逐舰相同的双频雷达系统（DBR），包括 AN/SPY-3 多功能雷达和 AN/SPY-4 远程广域搜索雷达。

"福特"级航空母舰上层建筑特写

▮▮▮▷ 实战掠影

　　"福特"号航空母舰原计划于 2014 年入列，但由于设备频繁故障，服役日期一再延后。2013 年，该舰下水后很快就暴露出问题。专家发现舰载机起降系统存在重大问题。直到 2020 年，该舰仍受到飞行控制系统、新型弹射器和弹药升降机相关问题的困扰。此外，航空母舰的动力装置也时常发生故障。2020 年 7 月 20 日，仍在建造中的"肯尼迪"号航空母舰发生火灾，不过很快被发现并扑灭，舰身只受到轻微损伤。

　　2020 年 10 月 7 日，通用原子电磁系统公司（GA-EMS）宣布，"福特"号航空母舰舰载电磁弹射装置（EMALS）和先进阻拦系统（AAG）累计达到了 4492 次弹射发射和阻拦着陆的里程碑。

"福特"级航空母舰正前方视角

高速航行的"福特"级航空母舰

同级概览

舷号	舰名	开工时间	下水时间	服役时间
CVN-78	"福特"号	2009 年 11 月	2013 年 10 月	2017 年 7 月
CVN-79	"肯尼迪"号	2015 年 8 月	2019 年 10 月	2022 年 （计划）
CVN-80	"企业"号	2022 年 2 月 （计划）	2025 年 11 月 （计划）	2027 年 （计划）
CVN-81	"多里斯·米勒"号	2026 年 1 月 （计划）	2029 年 10 月 （计划）	2030 年 （计划）
CVN-82	未命名	2027 年 （计划）	2032 年（计划）	2034 年 （计划）

海试中的"福特"号航空母舰

"肯尼迪"号航空母舰离开干船坞

"福特"级航空母舰左舷前方视角

Chapter 03

驱逐舰

　　驱逐舰是海军舰队中突击力较强的中型军舰之一，主要职责以护航为核心，同时可执行侦察、巡逻、警戒、布雷、袭击岸上目标等任务。本章将详细介绍驱逐舰建造史上影响力最大的 20 种型号，并根据核心技术、综合性能、单位造价、建造数量等因素对其进行客观公正的排名。

 建造数量、服役时间和研制厂商

TOP 20　"卡辛"级驱逐舰	
同级舰艇	俄罗斯海军 20 艘　印度海军 5 艘（D51 ～ D55）
服役时间	1962—2020 年
生产厂商	尼古拉耶夫船厂　尼古拉耶夫造船厂又称为黑海造船厂，创立于沙俄时代的 1897 年，曾是苏联第五大造船厂和唯一航空母舰总装厂。苏联解体后，被划归乌克兰所有

TOP 19　"乔治·莱格"级驱逐舰	
同级舰艇	"乔治·莱格"号（D640）"迪普莱"号（D641）"蒙特卡姆"号（D642）"让·德·维埃纳"号（D643）　"普里毛盖特"号（D644）　"拉摩特·皮凯"号（D645）　"拉图什·特雷维尔"号（D646）
服役时间	1979 年至今
生产厂商	布雷斯特造船厂　布雷斯特造船厂位于法国布列塔尼半岛西端、布雷斯特湾北岸的布雷斯特市，创立于 17 世纪

TOP 18　"谢菲尔德"级驱逐舰	
同级舰艇	英国海军 14 艘（D80、D86 ～ D92、D95 ～ D98、D108、D118）　阿根廷海军 2 艘（D1、D2）
服役时间	1975—2013 年
生产厂商	斯旺·亨特造船厂　斯旺·亨特造船厂创立于 1880 年，总部位于英格兰纽卡斯尔市，2007 年被印度巴拉迪船厂收购

TOP 17 "卡萨尔"级驱逐舰	
同级舰艇	"卡萨尔"号（D614） "让·巴特"号（D615）
服役时间	1988 年至今
生产厂商	法国舰艇建造局 法国舰艇建造局创立于 1631 年，总部位于法国巴黎。目前，法国舰艇建造局受法国国防部下属的装备部管辖，统一组织和协调海军装备的设计、生产、试验、维修和改装工作

TOP 16 "广开土大王"级驱逐舰	
同级舰艇	"广开土大王"号（DDH-971） "乙支文德"号（DDH-972） "杨万春"号（DDH-973）
服役时间	1998 年至今
生产厂商	大宇重工 大宇重工创立于 1962 年，总部位于庆尚南道南部的昌原

TOP 15 "斯普鲁恩斯"级驱逐舰	
同级舰艇	美国海军 31 艘（DD-963 ～ DD-992、DD-997）
服役时间	1975—2005 年
生产厂商	英格尔斯造船厂 英格尔斯造船厂位于美国密西西比州帕斯卡古拉市，从 1938 年起就一直是密西西比州最大的私营企业。作为美国海军的主要驱逐舰承建商，它在世界造船领域占有重要地位

TOP 14 "基德"级驱逐舰	
同级舰艇	"基德"号（DDG-993） "卡拉汉"号（DDG-994） "斯科特"号（DDG-995） "钱德勒"号（DDG-996）
服役时间	1981—1999 年
生产厂商	英格尔斯造船厂 英格尔斯造船厂位于美国密西西比州帕斯卡古拉市，从 1938 年起就一直是密西西比州最大的私营企业。作为美国海军的主要驱逐舰承建商，它在世界造船领域占有重要地位

TOP 13 "加尔各答"级驱逐舰	
同级舰艇	"加尔各答"号（D63） "柯枝"号（D64） "金奈"号（D65）
服役时间	2014 年至今
生产厂商	马扎冈造船厂 马扎冈造船厂是一家印度国营造船厂，也是印度头号舰艇生产商，总部设在孟买市，主要为海军生产潜艇、护卫舰和驱逐舰

TOP 12 "忠武公李舜臣"级驱逐舰	
同级舰艇	"忠武公李舜臣"号（DDH-975）"文武大王"号（DDH-976）"大祚荣"号（DDH-977） "王建"号（DDH-978） "姜邯赞"号（DDH-979） "崔莹"号（DDH-981）
服役时间	2003 年至今
生产厂商	大宇重工 大宇重工创立于 1962 年，总部位于庆尚南道南部的昌原

TOP 11 "高波"级驱逐舰	
同级舰艇	"高波"号（DD-110） "大波"号（DD-111） "卷波"号（DD-112） "涟波"号（DD-113） "凉波"号（DD-114）
服役时间	2003 年至今
生产厂商	三菱重工 三菱重工创立于 1870 年，目前是日本最大的军工生产企业，战机、战舰、坦克等各类军工产品均有涉足

TOP 10 "秋月"级驱逐舰	
同级舰艇	"秋月"号（DD-115） "照月"号（DD-116） "凉月"号（DD-117） "冬月"号（DD-118）
服役时间	2012 年至今
生产厂商	三菱重工 三菱重工创立于 1870 年，目前是日本最大的军工生产企业，战机、战舰、坦克等各类军工产品均有涉足

TOP 9 "无畏"级驱逐舰	
同级舰艇	Ⅰ级 12 艘（695、687、443、541、564、626、543、487、605、572、678、548）Ⅱ级 1 艘（650）
服役时间	1980 年至今
生产厂商	杨塔尔造船厂　杨塔尔造船厂位于俄罗斯加里宁格勒州的首府加里宁格勒市，其历史可以追溯到一战时期。目前，该厂是俄罗斯三大水面舰艇生产商之一

TOP 8 "现代"级驱逐舰	
同级舰艇	俄罗斯海军 17 艘
服役时间	1985 年至今
生产厂商	北方造船厂　北方造船厂位于俄罗斯圣彼得堡市，创立于 1912 年。该厂是俄罗斯最主要的水面战斗舰艇生产商之一，在建造军用舰艇方面拥有绝对技术优势

TOP 7 "金刚"级驱逐舰	
同级舰艇	"金刚"号（DDG-173）　"雾岛"号（DDG-174）"妙高"号（DDG-175）　"鸟海"号（DDG-176）
服役时间	1993 年至今
生产厂商	三菱重工　三菱重工创立于 1870 年，目前是日本最大的军工生产企业，战机、战舰、坦克等各类军工产品均有涉足

TOP 6 "爱宕"级驱逐舰	
同级舰艇	"爱宕"号（DDG-177）　"足柄"号（DDG-178）
服役时间	2007 年至今
生产厂商	三菱重工　三菱重工创立于 1870 年，目前是日本最大的军工生产企业，战机、战舰、坦克等各类军工产品均有涉足

TOP 5	"世宗大王"级驱逐舰
同级舰艇	"世宗大王"号（DDG-991）　"栗谷李珥"号（DDG-992）　"西厓柳成龙"号（DDG-993）
服役时间	2008 年至今
生产厂商	现代重工　现代重工于 1972 年在韩国蔚山市成立，目前已发展为一个世界级的综合型重工业公司，在韩国海军舰艇的设计和建造中扮演了关键角色

TOP 4	"地平线"级驱逐舰
同级舰艇	法国海军 2 艘（D620、D621）　意大利海军 2 艘（D553、D554）
服役时间	2007 年至今
生产厂商	法国舰艇建造局　法国舰艇建造局创立于 1631 年，总部位于法国巴黎。目前，法国舰艇建造局受法国国防部下属的装备部管辖，统一组织和协调海军装备的设计、生产、试验、维修和改装工作

TOP 3	"勇敢"级驱逐舰
同级舰艇	"勇敢"号（D32）　"不屈"号（D33）　"钻石"号（D34）　"飞龙"号（D35）　"卫士"号（D36）　"邓肯"号（D37）
服役时间	2009 年至今
生产厂商	英国宇航系统公司　英国宇航系统公司是 1999 年 11 月由英国航空航天公司和马可尼电子系统公司合并而成的跨国军火公司，其涵盖的军工产品范围十分广泛

TOP 2	"阿利·伯克"级驱逐舰
同级舰艇	Ⅰ 构型 21 艘（DDG-51 ～ DDG-71）　Ⅱ 构型 7 艘（DDG-72 ～ DDG-78）　Ⅱ A 构型 45 艘（DDG-79 ～ DDG-123）　Ⅲ 构型 3 艘（DDG-124 ～ DDG-126）

（续表）

TOP 2 "阿利·伯克"级驱逐舰	
同级舰艇	1991 年至今
生产厂商	巴斯钢铁厂　巴斯钢铁厂是一家位于美国缅因州巴斯肯纳贝克河畔的造船厂，1844 年由托马斯·海德创立，1995 年被通用动力公司收购，主要生产私人用、商用和军用船舶

TOP 1 "朱姆沃尔特"级驱逐舰	
同级舰艇	"朱姆沃尔特"号（DDG-1000）"迈克尔·蒙苏尔"号（DDG-1001）"林登·约翰逊"号（DDG-1002）
服役时间	2016 年 10 月至今
生产厂商	巴斯钢铁厂　巴斯钢铁厂是一家位于美国缅因州巴斯肯纳贝克河畔的造船厂，1844 年由托马斯·海德创立，1995 年被通用动力公司收购，主要生产私人用、商用和军用船舶

 # 舰体尺寸、动力装置和主要武器

TOP 20 "卡辛"级驱逐舰

双联装 76 毫米舰炮 ×2
双联装 SA-N-1 "果阿"舰对空导弹发射装置 ×2
五联装 533 毫米鱼雷发射管 ×1
十二联装 RBU-6000 反潜火箭发射装置 ×2
六联装 RBU-1000 反潜火箭发射装置 ×2

M8E 燃气轮机 ×4

吃水 4.6 米

全长 144 米
全宽 15.8 米

TOP 19 "乔治·莱格"级驱逐舰

100 毫米全自动舰炮 ×1
20 毫米单管舰炮 ×2
八联装 "响尾蛇"舰对空导弹发射装置 ×1
双联装 "西北风"近程防空导弹系统 ×1
四联装 MM 40 "飞鱼"反舰导弹发射装置 ×2

奥林巴斯 TM3B 燃气轮机 ×2
皮尔斯蒂克 16PA6 V280 柴油发动机 ×2

吃水 5.7 米

全长 139 米
全宽 14 米

TOP 18 "谢菲尔德"级驱逐舰

Mk 8 型 113 毫米舰炮 ×1
GAM-B01 型 20 毫米舰炮 ×2
双联装 GWS30 "海标枪" 防空导弹发射装置 ×1
三联装 324 毫米鱼雷发射管 ×2
"密集阵" 近程防御武器系统 ×2

奥林巴斯 TM3B 燃气轮机 ×2
泰恩 RM1A 巡航燃气轮机 ×2

吃水 5.8 米

全长 141.1 米
全宽 14.9 米

TOP 17 "卡萨尔"级驱逐舰

68 型 100 毫米单管舰炮 ×1
Mk 10 型 20 毫米舰炮 ×2
单臂 Mk 13 导弹发射装置 ×1
六联装 "西北风" 导弹发射装置 ×2
四联装 "飞鱼" 导弹发射装置 ×2
KD59E 固定型鱼雷发射管 ×2
12.7 毫米机枪 ×2

皮尔斯蒂克 18PA6 V280 柴油发动机 ×4

吃水 6.5 米

全长 139 米
全宽 14 米

TOP 16 "广开土大王"级驱逐舰

127 毫米 "奥托" 舰炮 ×1
十六联装 RIM-7M "海麻雀" 防空导弹垂直发射装置 ×1
四联装 RGM-84D "鱼叉" 反舰导弹发射装置 ×2
"守门员" 近程防御武器系统 ×2
三联装 324 毫米 Mk 32 鱼雷发射管 ×2

通用动力 LM2500 燃气轮机 ×2
20V 956 TB82 柴油发动机 ×2

吃水 4.2 米

全长 135.5 米
全宽 14.2 米

TOP 15 "斯普鲁恩斯"级驱逐舰

Mk 45 型 127 毫米舰炮 ×2
"密集阵" 近程防御武器系统 ×2
四联装 "鱼叉" 反舰导弹发射装置 ×2
四联装 "拉姆" 舰对空导弹发射装置 ×1
三联装 Mk 32 型鱼雷发射管 ×2

通用动力 LM2500 燃气轮机 ×4

吃水 8.8 米

全长 172 米
全宽 16.8 米

TOP 14　"基德"级驱逐舰

Mk 45 型 127 毫米舰炮 ×2
"密集阵"近程防御武器系统 ×2
四联装"鱼叉"反舰导弹发射器 ×2
双联装 Mk 26 型双臂导弹发射器 ×2
三联装 Mk 32 型鱼雷发射管 ×2

通用动力 LM2500 燃气轮机 ×4

吃水 9.6 米

全长 172 米
全宽 17 米

TOP 13　"加尔各答"级驱逐舰

AK-630 30 毫米舰炮 ×4
八联装防空导弹垂直发射系统 ×4
八联装 3S14E 垂直发射系统 ×2
十二联装 RBU-6000 反潜火箭发射器 ×2
四联装 533 毫米鱼雷发射管 ×2

DT-59 燃气轮机 ×2
劳斯莱斯 KVM-18 柴油发动机 ×2

吃水 6.5 米

全长 163 米
全宽 17.4 米

TOP 12　"忠武公李舜臣"级驱逐舰

1×MK-45Mod4
五英寸 62 倍镜舰炮
八联装 Mk 41 垂直发射系统 ×4
二十一联装"拉姆"近程防空导弹 ×1
"守门员"近程防御武器系统 ×1
四联装"鱼叉"反舰导弹发射装置 ×2
三联装 Mk 32 鱼雷发射管 ×2

通用动力 LM2500 燃气轮机 ×2
20V 956 TB82 柴油发动机 ×2

吃水 5 米

全长 150 米
全宽 17.4 米

TOP 11　"高波"级驱逐舰

127 毫米"奥托"舰炮 ×1
八联装 Mk 41 导弹垂直发射系统 ×4
四联装"鱼叉"反舰导弹发射系统 ×2
"密集阵"近程防御武器系统 ×2
三联装 HOS-302 反潜鱼雷发射管 ×2

通用动力 LM2500 燃气轮机 ×2
劳斯莱斯 SM1C 燃气轮机 ×2

吃水 5.3 米

全长 151 米
全宽 17.4 米

TOP 10 "秋月" 级驱逐舰

127 毫米 Mk 45 舰炮 ×1
四联装 90 式反舰导弹发射装置 ×2
八联装 Mk 41 导弹垂直发射系统 ×4
三联装 97 式 324 毫米鱼雷发射管 ×2
"密集阵" 近程防御武器系统 ×2

劳斯莱斯 SM1C 燃气轮机 ×4

吃水 5.3 米

全长 151 米
全宽 18.3 米

TOP 9 "无畏" 级驱逐舰

AK-630 型 30 毫米舰炮 ×4
AK-100 型 100 毫米舰炮 ×2
四联装 SS-N-14 反潜导弹发射装置 ×2
八联装 3K95 导弹发射装置 ×8
四联装 533 毫米鱼雷发射管 ×2
十二联装 RBU-6000 反潜火箭发射装置 ×2

M-8KF 燃气轮机 ×2
M-62 燃气轮机 ×2

吃水 6.2 米

全长 163 米
全宽 19.3 米

TOP 8 "现代" 级驱逐舰

AK-630M 型 30 毫米舰炮 ×4
AK-130 型 130 毫米舰炮 ×2
四联装 KT-190 反舰导弹发射装置 ×2
3K90M-22 防空导弹发射装置 ×2
双联装 533 毫米鱼雷发射装置 ×2
RBU-12000 反潜火箭发射装置 ×2

KB-4 高压蒸汽锅炉 ×4
GTZA-67 蒸汽轮机 ×2
AK-1V 蒸汽涡轮发电机 ×2
DGAS-600/1 柴油发电机 ×4

吃水 6.5 米

全长 156 米
全宽 17.3 米

TOP 7 "金刚" 级驱逐舰

Mk 41 导弹垂直发射系统 ×2
四联装 "鱼叉" 反舰导弹发射装置 ×2
Mk 15 "密集阵" 近程防御系统 ×2
三联装 HOS-302 式 324 毫米鱼雷发射管 ×2

通用动力 LM2500 燃气轮机 ×4

吃水 6.2 米

全长 161 米
全宽 21 米

TOP 6 "爱宕"级驱逐舰

Mk 45 Mod 4 型 127 毫米舰炮 ×1
Mk 41 导弹垂直发射系统 ×2
"密集阵"近程防御系统 ×2
三联装 324 毫米 HOS-302 型旋转式鱼雷发射管 ×2
四联装 90 式反舰导弹发射装置 ×2
12.7 毫米机枪 ×4

通用动力 LM2500 燃气轮机 ×4

吃水 6.2 米

全长 165 米
全宽 21 米

TOP 5 "世宗大王"级驱逐舰

Mk 45 Mod 4 型 127 毫米舰炮 ×1
八联装 Mk 41 导弹垂直发射系统 ×10
八联装 K-VLS 导弹垂直发射系统 ×6
"拉姆"近程防空导弹系统 ×1
"守门员"近程防御武器系统 ×1
四联装 SSM-700K "海星"反舰导弹发射装置 ×4
三联装 324 毫米"青鲨"鱼雷发射管 ×2

通用动力 LM2500 燃气轮机 ×4

吃水 6.3 米

全长 165 米
全宽 21.4 米

TOP 4 "地平线"级驱逐舰

76 毫米舰炮 ×2
20 毫米 F2 舰炮 ×2
四十八联装"席尔瓦"导弹垂直发射系统 ×1
"飞鱼"反舰导弹发射装置 ×8
三联装 MU90 鱼雷发射管 ×2

通用动力 LM2500 燃气轮机 ×2
皮尔斯蒂克 12 PA6 STC 柴油机 ×2

吃水 5.4 米

全长 152.9 米
全宽 20.3 米

TOP 3 "勇敢"级驱逐舰

114 毫米舰炮 ×1
四十八联装"席尔瓦"导弹垂直发射系统 ×1
四联装"鱼叉"反舰导弹发射装置 ×2
"密集阵"近程防御武器系统 ×2
30 毫米速射炮 ×2

劳斯莱斯 WR-21 燃气轮机 ×2
瓦锡兰 12V200 柴油发电机 ×2

吃水 7.4 米

全长 152.4 米
全宽 21.2 米

TOP 2 "阿利·伯克" 级驱逐舰

127 毫米全自动舰炮 ×1
Mk 41 导弹垂直发射系统 ×2
四联装 "鱼叉" 反舰导弹发射装置 ×2
"密集阵" 近程防御武器系统 ×2
Mk 32 型 324 毫米鱼雷发射管 ×2

通用动力 LM2500 燃气轮机 ×4

吃水 9.3 米

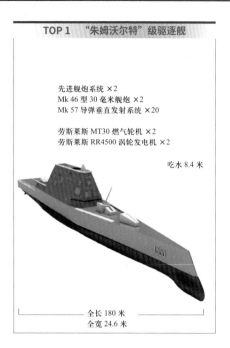

全长 155 米
全宽 20 米

TOP 1 "朱姆沃尔特" 级驱逐舰

先进舰炮系统 ×2
Mk 46 型 30 毫米舰炮 ×2
Mk 57 导弹垂直发射系统 ×20

劳斯莱斯 MT30 燃气轮机 ×2
劳斯莱斯 RR4500 涡轮发电机 ×2

吃水 8.4 米

全长 180 米
全宽 24.6 米

 基本战斗性能对比

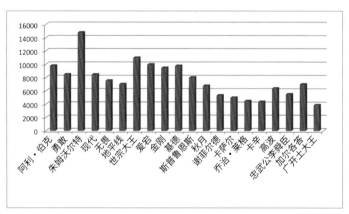

满载排水量对比图（单位：吨）

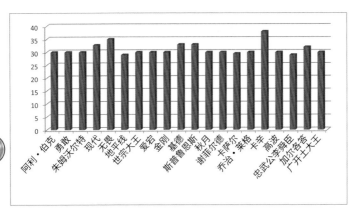

最高航速对比图（单位：节）

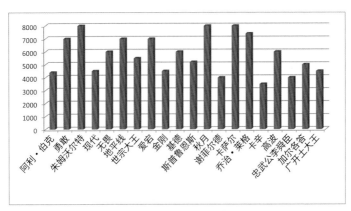

续航距离对比图（单位：海里）

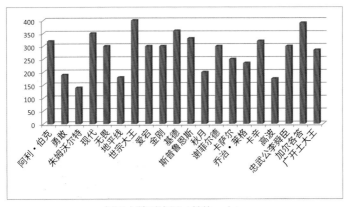

舰员人数对比图（单位：人）

"卡辛"级驱逐舰

"卡辛"级驱逐舰是苏联在二战之后设计并建造的导弹驱逐舰，主要用户为苏联海军（后由俄罗斯海军继承）和印度海军。

排名依据

"卡辛"级驱逐舰是苏联海军专门设计的第一种装备防空导弹的驱逐舰，也是世界上第一种使用全燃气轮机动力的驱逐舰，这种全新的设计方式开启了军用舰船的动力革命，同时标志着苏联海军正式走向远洋。

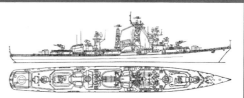

"卡辛"级驱逐舰结构图

建造历史

"卡辛"级驱逐舰一共建造了 25 艘，其中俄罗斯海军 20 艘（有 1 艘转售波兰海军），印度海军 5 艘。首舰于 1962 年 12 月开始在苏联海军服役，而印度海军的首舰于 1980 年 9 月开始服役。截至 2020 年 10 月，俄罗斯海军装备的"卡辛"级驱逐舰已经全部退役，而印度海军装备的仍有 4 艘在役。

"卡辛"级驱逐舰正面视角

舰体构造

　　"卡辛"级驱逐舰采用双轴对称布局，全甲板上层设施贯穿整个舰长的 3/4，其间耸立着烟囱排气口。在甲板的前端和后端各有 1 座双联装 SA-N-1"果阿"舰对空导弹发射装置，在其下方的上甲板上各有 1 座双联装 76 毫米舰炮。舰中央有 1 座五联装 533 毫米鱼雷发射管。

侧面视角

战斗性能

　　"卡辛"级驱逐舰的舰载武器包括：2 门双联装 76 毫米舰炮，射速为 90 发 / 分，射程为 15 千米；4 门 6 管 30 毫米炮，射程为 2 千米，射速为 3000 发 / 分；4 座 SS-N-2C"冥河"舰对舰导弹发射装置，射程为 83 千米；2 座双联装 SA-N-1"果阿"舰对空导弹发射装置，射程为 31.5 千米；1 座五联装 533 毫米两用鱼雷发射管；2 座 RBU-6000 型 12 管回转式反潜火箭发射装置，射程为 6 千米；全舰共载有 120 枚火箭，32 枚导弹。

"卡辛"级驱逐舰访问马耳他

趣闻逸事

印度海军于 20 世纪 80 年代从苏联引进了 5 艘"卡辛"级驱逐舰，以"卡辛"II 型为母型加以改进并重新命名为"拉吉普特"级驱逐舰，主要用于保护印度的航母舰队免受敌方潜艇、战机和巡航导弹的攻击。在 20 世纪 80 年代和 90 年代的大部分时间里，"拉吉普特"级驱逐舰一直是印度海军唯一的驱逐舰。

侧前方视角

TOP 19 "乔治·莱格"级驱逐舰

"乔治·莱格"级驱逐舰是法国于 20 世纪 70 年代建造的反潜型驱逐舰，又称为 F70 型驱逐舰。

排名依据

"乔治·莱格"级驱逐舰是法国海军第一种采用燃气涡轮机的水面舰艇，动力系统为复合柴油机或燃气涡轮（CODOG）。该级舰的续航能力尤为突出，以 18 节速度航行时，续航能力高达 7400 海里，几乎是许多同吨位舰艇的 2 倍，足以伴随航空母舰进行远洋作业。

"乔治·莱格"级驱逐舰结构图

建造历程

　　为了取代 20 世纪 50 年代服役的 T47 型驱逐舰，法国海军在 20 世纪 70 年代开始规划建造一批新的通用驱逐舰，称为"乔治·莱格"级。1971 年，"乔治·莱格"级驱逐舰的草图完成，1972 年进入设计阶段。1974 年 9 月，首舰"乔治·莱格"号开工建造，1978 年 11 月下水，1979 年 12 月开始服役。该级舰一共建造了 7 艘，截至 2020 年 10 月仍有 2 艘在役。

六号舰"拉摩特·皮凯"号

舰体构造

　　"乔治·莱格"级驱逐舰为长艏楼的双桨、一舵驱逐舰，该级舰后舰体水线面丰满，有利于提高舰的适航性。该级舰为方形舰尾，尾板在水线之上，尾端没有浸水，减少了舰的湿表面积，有利于减小低速时的阻力。因为露天甲板首部有 -5°的倾斜，所以舰首干舷相对较低。

高速航行的"乔治·莱格"级驱逐舰

战斗性能

　　"乔治·莱格"级驱逐舰以反潜、舰队护航、反水面作战为主要任务，可在法国的航空母舰战斗群或在弹道导弹核潜艇进出港时提供护卫，并具备基本的点防空自卫能力。防空任务由1座八联装"响尾蛇"舰对空导弹发射装置承担，后3艘舰又对其进行了改进，使其具备了反导能力，并加装了1座双联装"西北风"近程防空导弹系统。反舰武器为4座单装MM 38"飞鱼"反舰导弹发射装置，后5艘改为2座四联装MM 40型。此外，还装有1门100毫米全自动舰炮和2门20毫米单管舰炮。远程反潜任务主要由2架舰载"山猫"直升机承担。

侧面视角

趣闻逸事

　　"乔治·莱格"级驱逐舰以乔治·莱格的名字命名，他在1885年当选国民议会议长，1894年和1898年两度任国民教育部长，1895年任内政部长，1906年任殖民部长，1917年被任命为海军部长，1920年至1921年任法国总理，1925年至1930年复任海军部长，是法国海军革新的倡导者，1927年乔治·莱格主持颁布了海军条例。

"乔治·莱格"级驱逐舰在近海航行

"谢菲尔德"级驱逐舰

"谢菲尔德"级驱逐舰是英国于 20 世纪 70 年代开始建造的导弹驱逐舰，也称为 42 型驱逐舰。该级舰一共建造了 16 艘（英国 14 艘，阿根廷 2 艘），截至 2020 年 10 月仅剩 1 艘在阿根廷海军服役。

排名依据

"谢菲尔德"级驱逐舰是一级设计紧凑、效费比很好的典型中型导弹驱逐舰，它是西方国家海军中型水面舰艇中采用全燃交替动力装置（COGOG）的代表舰，使用专门的巡航燃气轮机，提高了巡航时的效率和经济性，这种动力装置在世界上有很大的影响。

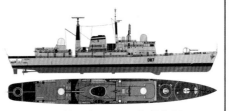

"谢菲尔德"级驱逐舰结构图

建造历程

建造"谢菲尔德"级驱逐舰是为了填补被取消的大型"布里斯托尔"级驱逐舰（82 型）留下的空缺。该级舰一共建造了 16 艘，其中 2 艘出售给阿根廷，14 艘装备于英国海军。首舰"谢菲尔德"号于 1970 年 5 月开始建造，1972 年 6 月下水，1975 年 2 月服役。到 1985 年，14 艘"谢菲尔德"级驱逐舰均已进入英国海军服役，母港均为朴次茅斯。截至 2020 年 10 月，英国海军装备的"谢菲尔德"级驱逐舰已经全部退役，而阿根廷海军尚有 1 艘在役。

俯瞰图

舰体构造

　　为了降低成本，英国军方限制了"谢菲尔德"级驱逐舰的排水量。为了增加武器和电子设备，又简化了全舰的壳体结构，采用了薄壳型舰体，因此结构薄弱，容易被击穿和受热起火。"谢菲尔德"级驱逐舰采用全燃交替动力装置（COGOG），第一、第二批驱逐舰采用 2 台奥林巴斯 TM3B 燃气轮机（每台持续功率 18.38 兆瓦）和 2 台泰恩 RM1A 巡航燃气轮机（每台持续功率 3.64 兆瓦）。第三批驱逐舰采用 2 台奥林巴斯 TM3B 燃气轮机和 2 台泰恩 RM1C 巡航燃气轮机（每台持续功率 3.92 兆瓦）。

俯瞰图

战斗性能

　　"谢菲尔德"级驱逐舰为高干舷、平甲板型的双桨双舵全燃动力装置驱逐舰，船体线型在静水和风浪中具有较佳的巡航速度和最高航速。其武器装备包括 1 座双联装 GWS30"海标枪"防空导弹发射装置，2 座三联装 324 毫米鱼雷发射管，1 门 Mk 8 型 113 毫米舰炮，2 门 GAM-B01 型 20 毫米舰炮，2 座"密集阵"近程防御武器系统等。该级舰的舰尾还设有飞行甲板，可携带 1 架韦斯特兰公司的"大山猫"直升机。

侧前方视角

趣 闻 逸 事

1982 年 4 月到 6 月期间，英国和阿根廷为争夺马尔维纳斯群岛（阿根廷方面称为马尔维纳斯群岛）的主权而爆发了一场局部战争，即马尔维纳斯群岛战争（马岛战争）。战争中，英国海军的 2 艘"谢菲尔德"级驱逐舰（"谢菲尔德"号和"考文垂"号）被阿根廷军队击沉。

左舷视角

TOP 17 "卡萨尔"级驱逐舰

"卡萨尔"级驱逐舰是法国在"乔治·莱格"级驱逐舰基础上改进而来的防空型驱逐舰，一共建造了 2 艘，截至 2020 年 10 月仍有 1 艘在役。

排名依据

在"地平线"级驱逐舰正式加入法国海军服役之前，"卡萨尔"级驱逐舰一直是法国海军最倚重的防空舰艇，其主要任务是护卫法国的航空母舰，必要时也可当作其他舰队的防空护航舰。除了防空之外，"卡萨尔"级驱逐舰也具有一定的反舰和反潜能力。

"卡萨尔"级驱逐舰结构图

建造历程

1975 年，法国舰艇建造局开始在"乔治·莱格"级反潜型驱逐舰的基础上研究防空型的设计方案，改进重点是动力装置和直升机库。1977 年，法国海军批准了设计方案，1978 年订购了首舰"卡萨尔"号，1979 年订购了二号舰"让·巴特"号。1982 年 9 月，"卡萨尔"号开工建造，1985 年 2 月下水，1988 年 7 月开始服役。

"卡萨尔"级驱逐舰停泊在土伦港内

舰体构造

　　"卡萨尔"级驱逐舰是全焊接的钢质平甲板舰体，纵骨架式结构。甲板首部为 -5°的马鞍形弧，增大了火炮的射击扇面。上层设施采用铝合金制造，舰桥位置比"乔治·莱格"级驱逐舰后移，且略有升高。作战室设置在上层建筑内，与驾驶室毗邻。

侧面视角

▌▌▌◇ 战斗性能

　　"卡萨尔"级虽然身为防空型驱逐舰，但武器装备较为齐全，能担负各种任务。"卡萨尔"级驱逐舰装有 1 门 68 型 100 毫米单管舰炮，2 门 Mk 10 型 20 毫米舰炮，2 挺 12.7 毫米机枪，1 座单臂 Mk 13 导弹发射装置（备有 40 枚"标准"防空导弹），2 座六联装"西北风"导弹发射装置（备有 12 枚导弹），2 座四联装"飞鱼"导弹发射装置（备有 8 枚"飞鱼"反

舰导弹），2 座 KD59E 固定型鱼雷发射管（备有 10 枚反潜鱼雷），2 座"达盖"干扰火箭发射装置和 2 座"萨盖"远程干扰火箭发射装置。此外，"卡萨尔"级驱逐舰还可搭载 1 架"黑豹"直升机。

侧前方视角

◇趣◇闻◇逸◇事◇

　　法国海军内部并未对驱逐舰进行过分类，所有水面作战舰艇皆称为护卫舰，"卡萨尔"级也不例外。该级舰被法国海军列为一等护卫舰类别，等同于其他国家的驱逐舰，并使用 D 作为舷号开头。

停泊在港口中的首舰"卡萨尔"号

航行中的二号舰"让·巴特"号

"广开土大王"级驱逐舰

"广开土大王"级驱逐舰是韩国自行设计建造的第一种驱逐舰，一共建造了3艘，1998年开始进入韩国海军服役，截至2020年10月仍然全部在役。

排名依据

"广开土大王"级驱逐舰创下了韩国造舰史上的多项第一：自行设计的第一种300吨级以上的主战舰艇，第一种能搭载舰载直升机的舰艇，也是第一种装备垂直发射系统的自制舰艇，堪称韩国海军迈向大洋海军的第一步。

"广开土大王"级驱逐舰结构图

建造历程

1986年，韩国开始了新型驱逐舰的设计，代号为KDX-1，计划建造12艘，实际建成3艘。1994年首舰铺设龙骨，1996年10月下水并被命名为"广开土大王"号（DDH-971），1998年7月24日装备韩国海军。二号舰"乙支文德"号（DDH-972）和三号舰"杨万春"号（DDH-973）相继在1996年和1998年动工建造。

港口中的"杨万春"号

▍▍▍▶ 舰体构造

　　"广开土大王"级驱逐舰大量采用了欧洲与美国船舰技术与装备，其

中又以欧洲装备居多。动力系统方面采用现代西方舰船常见的复合燃气涡轮与柴油机（CODOG）系统。舰体设计方面，拥有核生化防护能力，但是舰体造型并未大量考虑雷达隐身设计。

侧面视角

▍▍▍▶ 战斗性能

　　"广开土大王"级驱逐舰装有 1 座十六联装 RIM-7M "海麻雀"防空导弹垂直发射装置（Mk 48 型）、2 座四联装 RGM-84D "鱼叉"反舰导弹发射装置、1 门单管 127 毫米 "奥托"舰炮、2 座七管 30 毫米 "守门员"近

程防御武器系统、2 座三联装 324 毫米 Mk 32 鱼雷发射管。该级舰设有机库，可搭载 1 ～ 2 架英国 "大山猫"反潜直升机。

CH-46 直升机在"广开土大王"级驱逐舰甲板上作业

趣闻逸事

　　"广开土大王"级驱逐舰得名于 14 世纪朝鲜高句丽王朝著名的广开土大王高谈德，他是高句丽第十九位君主，也是高句丽历史上最为传奇的帝王。广开土大王于 391 年至 412 年在位，其间四处征伐，扩大了高句丽王朝的领土。

高速航行的"杨万春"号

TOP 15 "斯普鲁恩斯"级驱逐舰

　　"斯普鲁恩斯"级驱逐舰是美国于 20 世纪 70 年代建造的导弹驱逐舰，现已全部退役。

排名依据

　　"斯普鲁恩斯"级驱逐舰是美国海军建造的第一种大型舰队驱逐舰、第一种全面采用模块化设计建造的舰艇，也是第一种在设计之初就采用全燃气涡轮推进的舰艇，完全摆脱了先前的二战设计模式，是美国造舰史上的一大里程碑。在 30 年的服役时间里，"斯普鲁恩斯"级驱逐舰一直是美国海军航空母舰战斗群的主要反潜力量。

"斯普鲁恩斯"级驱逐舰结构图

▥▷ 建造历程

　　"斯普鲁恩斯"级驱逐舰首舰于 1972 年 11 月开工建造，1973 年 11 月下水，1975 年 9 月服役。1983 年 3 月，31 艘"斯普鲁恩斯"级驱逐舰全部进入现役，替换了建造于二战的"艾伦•萨姆纳"级和"基林"级驱逐舰。服役期间，"斯普鲁恩斯"级驱逐舰的主要任务是为航空母舰特混舰队和海上运输船队护航，在两栖作战和登陆作战中实施火力支援，对敌水面舰艇和潜艇进行监视警戒跟踪等。

"斯普鲁恩斯"级驱逐舰（左）和"提康德罗加"级巡洋舰（右）

▥▷ 舰体构造

　　"斯普鲁恩斯"级驱逐舰的桥楼较长，分为前后两部分，桅杆分别位于桥楼前端和 2 座烟囱之间，2 座烟囱各有数个排烟管向上方伸出，后烟囱从机库上方伸出。前桅杆首层有球形雷达天线前伸，后桅杆有弧面形网状天线。由于该舰武备配置使用渐改制，不同时期改装的舰只配备不一。后部从机库开始分为直升机平台、航空导弹发射装置和舰炮 3 层，并依次降低。

"斯普鲁恩斯"级驱逐舰侧前方视角

"斯普鲁恩斯"级驱逐舰侧后方视角

战斗性能

"斯普鲁恩斯"级驱逐舰的主要舰载武器包括：2 门 Mk 45 型 127 毫米舰炮，2 座"密集阵"近程防御武器系统，1 座四联装"拉姆"舰对空导弹发射装置，2 座 46-5 型鱼雷或三联装 Mk 32 型鱼雷发射管，2 座备弹 8 枚四联装"鱼叉"反舰导弹发射装置。此外，还安装了 4 挺 12.7 毫米机枪。

高速航行的"斯普鲁恩斯"级驱逐舰

趣 闻 逸 事

"斯普鲁恩斯"级驱逐舰以雷蒙德·阿姆斯·斯普鲁恩斯的名字命名，他是二战时期的美国海军上将、第五舰队司令，中途岛、马里亚纳海战的胜利者，被称为"沉默的提督"。

右舷视角

"基德"级驱逐舰

"基德"级驱逐舰是美国于 20 世纪 70 年代开始建造的导弹驱逐舰，一共建造了 4 艘，现已全部退役。

排名依据

"基德"级驱逐舰具有"斯普鲁恩斯"级驱逐舰的某些外形特征，同时结合了"弗吉尼亚"级核动力巡洋舰的作战系统。作为一种多用途战舰，"基德"级驱逐舰可以同时应付来自空中、海面和水下的攻击。在"阿利·伯克"级驱逐舰服役之前，"基德"级驱逐舰堪称美国舰队中战力最强（尤其是防空方面）、最全面的驱逐舰。

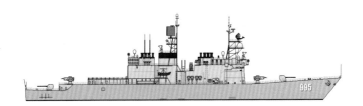

"基德"级驱逐舰结构图

建造历程

"基德"级驱逐舰原本是伊朗于 20 世纪 70 年代向美国订购的导弹驱逐舰，根据伊朗方面的要求，由"斯普鲁恩斯"级舰体演进而来。该级舰一共建造了 4 艘，首舰于 1978 年 6 月开工。1979 年，4 艘"基德"级驱逐舰全部完工之际，伊朗因政局变化拒绝接收。在伊朗取消合约后，美国海军在 1981 年至 1982 年间装备了"基德"级驱逐舰。20 世纪 90 年代，由于新一代"阿利·伯克"级驱逐舰大量进入美国海军服役，没有"宙斯盾"系统的"基德"级驱逐舰随后在1998年至1999年陆续提前退役。

二号舰"卡拉汉"号

||||▶ 舰体构造

"基德"级驱逐舰的舰体与动力系统，其设计与"斯普鲁恩斯"级驱逐舰基本相同，两者的动力系统设计都是为了应付常规战争，而不仅仅是反潜战斗，但"基德"级驱逐舰在舰体侧面与一些重要部位增加了"凯夫拉"装甲或铝质装甲，因此排水量比"斯普鲁恩斯"级驱逐舰更大。

"基德"级驱逐舰侧前方视角

||||▶ 作战性能

"基德"级驱逐舰具有较强的防空、反舰、反潜及战场管理能力，可充当由不同作战舰艇组合的作战舰队旗舰，也可执行外线机动作战任务。该级舰的舰载武器包括：2门Mk 45单管127毫米舰炮，2座Mk 15"密集阵"

近程防御武器系统；2 座四联装 AGM-84"鱼叉"反舰导弹发射器；2 座双联装 Mk 26 型双臂导弹发射器，可发射"标准 2""小猎犬"防空导弹和"阿斯洛克"反潜导弹；2 座三联装 Mk 32 型鱼雷发射管，可发射 Mk 型 32 鱼雷。此外，还可搭载 2 架"海鹰"直升机。

侧后方视角

趣 闻 逸 事

"基德"级驱逐舰的另一个昵称为"阵亡将军级"，因为这一系列军舰皆是以美国海军在二战太平洋战场中阵亡的少将命名。其中，首舰以珍珠港事件中阵亡于"亚利桑那"号战列舰上的艾萨克·基德少将的名字命名。

"基德"级驱逐舰与小艇并排航行

993

"加尔各答"级驱逐舰

"加尔各答"级驱逐舰是印度海军于21世纪初开始建造的，计划建造3艘。

排名依据

  "加尔各答"级驱逐舰是印度海军现役最新型的防空导弹驱逐舰，采用当今世界流行的相控阵雷达搭配垂直发射区域防空导弹组成的高性能防空作战系统，装备以色列 EL/M-2248 四面主动有源相控阵雷达，使用 6 座八联装防空导弹垂直发射系统发射"巴拉克"防空导弹。

"加尔各答"级驱逐舰结构图

建造历程

  继"德里"级驱逐舰之后，印度在 1996 年开始执行后续的 Project 15A 驱逐舰计划，由马扎冈造船厂负责研发，基本上是"德里"级驱逐舰的改良版。最初 Project 15A 命名为"班加罗尔"级，后来则改称为"加尔各答"级。印度在 2000 年 5 月批准建造 3 艘"加尔各答"级驱逐舰，首舰于 2014 年 8 月开始服役，二号舰于 2015 年 9 月开始服役，三号舰于 2016 年 11 月开始服役。

俯瞰"加尔各答"级驱逐舰

舰体构造

"加尔各答"级驱逐舰基本上是印度海军前一代"德里"级驱逐舰的

改良版，主要改进项目是强化舰体隐身设计以及武器装备，满载排水量也增至 7000 吨。舰体布局沿用"德里"级驱逐舰的基本设计方案，舰体采用折线过渡，舰首武器区布置与"德里"级驱逐舰相同。

"加尔各答"级驱逐舰侧后方视角

战斗性能

"加尔各答"级驱逐舰采用当今流行的相控阵雷达搭配导弹垂直发射系统组成的高性能防空作战系统，并运用了隐身设计的方法。"加尔各答"级驱逐舰的舰载武器主要包括：4 座八联装防空导弹垂直发射系统（装填 48 枚"巴拉克 -8"防空导弹），2 座八联装 3S14E 垂直发射系统（装填

16 枚"布拉莫斯"超音速反舰导弹），2 座十二联装 RBU-6000 反潜火箭发射器，2 座四联装 533 毫米鱼雷发射管，4 门六管 30 毫米 AK-630 型舰炮。此外，还能搭载 2 架卡 -28PL 或 HAL 反潜直升机。

首舰"加尔各答"号进行海试

趣 闻 逸 事

　　"加尔各答"级驱逐舰采用地名命名法，得名于印度第三大城市加尔各答（仅次于孟买和新德里）。加尔各答位于印度东部恒河三角洲地区、胡格利河（恒河支流之一）的东岸。在印度殖民地时期，从 1772 年直到 1911 年的 140 年间，加尔各答一直是英属印度的首都。

"加尔各答"级驱逐舰侧面视角

"忠武公李舜臣"级驱逐舰

　　"忠武公李舜臣"级驱逐舰是韩国海军自行设计建造的第二种驱逐舰，一共建造了 6 艘，从 2003 年服役至今。

排名依据

　　相较于"广开土大王"级驱逐舰，"忠武公李舜臣"级驱逐舰除了尺寸更大之外，最大的不同在于它拥有区域防空导弹系统，以舰队防空为主要任务。此外，"忠武公李舜臣"级驱逐舰的技术与装备也比"广开土大王"级驱逐舰更为先进。

"忠武公李舜臣"级驱逐舰结构图

建造历程

　　"忠武公李舜臣"级驱逐舰是韩国海军第二阶段研制的新型驱逐舰，首舰"忠武公李舜臣"号于 2002 年 5 月 22 日下水，2003 年 11 月开始服役。该级舰一共建造了 6 艘，六号舰"崔莹"号于 2008 年 9 月 4 日开始服役。

"忠武公李舜臣"号停靠在关岛阿普拉海军基地

舰体构造

　　"忠武公李舜臣"级驱逐舰上层结构的封闭性比"广开土大王"级驱逐舰更强，抗战损与抗核生化能力更为强大，舰内空间充裕而宽敞。不过为了减轻重量，"忠武公李舜臣"级驱逐舰的上层结构仍采用了现代化舰艇逐渐舍弃的铝合金材料。动力系统方面，"忠武公李舜臣"级驱逐舰仍沿用与"广开土大王"级驱逐舰一样的复合燃气涡轮与柴油机（CODOG），主机也与前者相同。

"忠武公李舜臣"级驱逐舰在美军"里根"号航母前方航行

战斗性能

"忠武公李舜臣"级驱逐舰的武器配置较为全面，前甲板装备 1 门 127 毫米舰炮和 4 座八联装 Mk 41 垂直发射系统（可装"标准"系列防空导弹），中部装备 2 座四联装"鱼叉"反舰导弹发射装置和 2 座三联装 MK 32 鱼雷发射管，并配有荷兰"守门员"近程防御武器系统和二十一联装"拉姆"近程防空导弹，还可搭载 1～2 架"山猫"反潜直升机。从四号舰"王建"号开始使用了"美韩联合"的设计模式，前甲板左侧装备 4 座八联装美制 Mk 41 导弹垂直发射系统，而右侧装备 1 座八联装韩国国产的导弹垂直发射系统。

侧前方视角

趣 闻 逸 事

"忠武公李舜臣"级驱逐舰延续"广开土大王"级驱逐舰以韩国历史上著名君王、名将名字命名的方式，以 16 世纪朝鲜名将李舜臣的名字命名。李舜臣在 1592 年日本丰臣秀吉派兵攻打朝鲜时，率领"龟甲舰"屡次大破日本水军，被朝鲜君王封为忠武公。

二号舰"文武大王"号

"高波"级驱逐舰

"高波"级驱逐舰是日本海上自卫队装备的多用途驱逐舰，以反潜任务为主，防空则仅限于短程点防御。该级舰共建造了5艘，从 2003 年服役至今。

排名依据

除了配备"宙斯盾"系统的"金刚"级驱逐舰之外，以舰队普遍担负的任务为主的"高波"级驱逐舰是日本海上自卫队在 21 世纪初建造的另一种重要舰艇。"高波"级驱逐舰装有与"金刚"级导弹驱逐舰相同的奥托·梅莱拉 127 毫米舰炮和 Mk 41 导弹垂直发射系统，加上改良的火控系统和新型声呐系统，作战能力比前代"村雨"级驱逐舰有较大提升。

"高波"级驱逐舰结构图

建造历程

"高波"级驱逐舰首舰于 2000 年 4 月开工建造，2001 年 7 月下水并命名为"高波"号，于 2003 年服役。"高波"号的标准排水量为 4725 吨，但为了拓展远洋作战能力，日本在建造过程中不断增加"高波"级后续舰的排水量，以提升这种多用途驱逐舰的耐波性、远洋性、自动化程度及综合作战能力。因此，后续服役的"高波"级驱逐舰标准排水量增加到 6400 吨。

停泊在港口的"高波"级驱逐舰

舰体构造

"高波"级驱逐舰的整体设计沿袭"村雨"级驱逐舰的设计方案，因此整体布局及大部分装备都与"村雨"级驱逐舰相同，但改进之处也不少。

"高波"级驱逐舰前甲板的导弹垂直发射系统单元数增加了 1 倍，因此舰体内的主要横隔舱壁也改动了位置。全舰重新划分了水密区域，并将"村雨"级驱逐舰在舰体内的飞行员休息室移至原来 Mk 48 导弹垂直发射系统的位置。

高速航行的"高波"级驱逐舰

战斗性能

"高波"级驱逐舰的主要武器包括：4 座八联装 Mk 41 导弹垂直发射系统，可发射防空、反潜和巡航导弹；2 座四联装"鱼叉"反舰导弹发射系统，可发射"鱼叉"或日本国产 SSM-1B 反舰导弹；1 门单管 127 毫米"奥托"舰炮；2 座"密集阵"近程防御武器系统；2 座三联装 HOS-302 反潜鱼雷发射管。此外，"高波"级驱逐舰可搭载 1 架 SH-60J 反潜直升机。

侧面视角

趣闻逸事

与过去日本海上自卫队的通用驱逐舰相同，"高波"级采用旧日本海军时代专门用于驱逐舰命名的"天文地理名"命名方式，这种命名颇为优美，堪称日本舰艇命名规则中令人印象最深刻的一种。

航行中的二号舰"大波"号

10 TOP "秋月"级驱逐舰

"秋月"级驱逐舰是日本于 21 世纪初设计建造的多用途驱逐舰，一共建造了 4 艘，截至 2020 年 10 月仍全部在役。

排名依据

"秋月"级驱逐舰是日本海上自卫队最新的驱逐舰,安装有日本国产 FCS-3A 有源相控阵雷达,对掠海反舰导弹的末端拦截处理能力在一定程度上要优于美制"宙斯盾"系统的 AN/SPY-1 相控阵雷达。

"秋月"级驱逐舰结构图

建造历程

从 20 世纪 90 年代起,日本海上自卫队开始陆续以"村雨"级和后续的"高波"级驱逐舰取代 20 世纪 80 年代服役的"初雪"级和"朝雾"级驱逐舰。海上自卫队原本打算建造 9 艘"村雨"级与 11 艘"高波"级,一比一全面替换"初雪"级与"朝雾"级,但由于预算有限,最后只建造了 9 艘"村雨"级与 5 艘"高波"级。

为了填补这一空缺,海上自卫队又建造了 2 艘"爱宕"级驱逐舰和 4 艘"秋月"级驱逐舰。"秋月"级驱逐舰的首舰于 2012年 3 月开始服役,四号舰于 2014 年 3 月开始服役。

港口中的"秋月"级驱逐舰

舰体构造

由于"秋月"级驱逐舰装备了 FCS-3A 多功能雷达,并且采用隐身桅杆,外形较以往的驱逐舰有较大改观,但因舰体本身由"高波"级驱逐舰改进而来，所以基本上沿用了"高波"级驱逐舰的配置，并没有大的变化。舰体长度与"高波"级驱逐舰相同，但舰体宽度有所增加。

首舰"秋月"号

战斗性能

"秋月"级驱逐舰大幅提升了防空能力，除了以往多用途驱逐舰的自保能力外，还可攻击横越舰队的空中目标，将防空掩护范围扩大到整个护卫群，甚至可支援正在对付弹道导弹的"宙斯盾"舰。"秋月"级驱逐舰的主要武器包括：1 门 127 毫米 Mk 45 舰炮，2 座四联装 90 式反舰导弹发射装置，4 座八联装 Mk 41 导弹垂直发射系统（发射"海麻雀"防空导弹和"阿斯洛克"反潜导弹），2 座三联装 97 式 324 毫米鱼雷发射管（发射 Mk 46 鱼雷或 97 式鱼雷），2 座"密集阵"近程防御武器系统，4 座六管 Mk 36 SBROC 干扰箔条发射装置。此外，该级舰还可搭载 2 架 SH-60K 反潜直升机。

侧面视角

趣闻逸事

从二战初期开始，日本前后建造了三代"秋月"级驱逐舰。第一代是日本在二战中为防御空中攻击而建造的驱逐舰，第二代是日本海上自卫队于 1958—1959 年建造的专门用于反潜作战的驱逐舰。第三代即是日本海上自卫队最新建造的多用途驱逐舰，用以替代即将退役的"初雪"级驱逐舰。

四号舰 "冬月" 号

9 TOP "无畏" 级驱逐舰

　　"无畏" 级驱逐舰是苏联于 20 世纪 70 年代后期开始建造的驱逐舰,

分为"无畏Ⅰ"级和"无畏Ⅱ"级两个型号。

排名依据
"无畏"级驱逐舰是 20 世纪 80 年代苏联海军最先进的战舰之一,也是苏联 / 俄罗斯唯一的大型反潜舰。从服役至今,"无畏"级驱逐舰一直受到苏联 / 俄罗斯高度重视,认为其在火力上可以压倒美国"斯普鲁恩斯"级反潜驱逐舰。

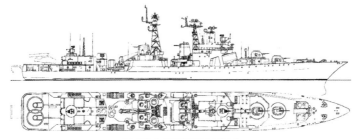

"无畏"级驱逐舰结构图

建造历程

    "无畏Ⅰ"级驱逐舰于 20 世纪 70 年代后期开始建造,一共建造了 12 艘。首舰"无畏"号于 1980 年 11 月入役,最后一艘"潘杰列耶夫海军上将"号于 1991 年 12 月入役。"无畏Ⅱ"级驱逐舰于 20 世纪 80 年代末开始建造,其建造计划受苏联解体的影响较大,原计划首批建造 3 艘,但由于苏联解体后俄罗斯经济状况欠佳,最终只建成 1 艘,即"恰巴年科"号。截至 2020 年 10 月,仍有 9 艘"无畏"级驱逐舰在俄罗斯海军服役。

"无畏Ⅱ"级驱逐舰"恰巴年科"号

舰体构造

    "无畏"级驱逐舰借鉴了西方国家的设计经验,改变了以往缺乏整体思路、临时堆砌设备的做法,使舰体外形显得整洁利索。全舰结构紧凑、布局简明，主要的防空、反潜装备集中于舰体前部，中部为电子设备，后部为直升机平台，整体感很强。舰上的重要舱室都有密闭式的防护系统，可以防止外界受污染的空气进入。"无畏 I"级和"无畏 II"级在外观上差别不是很大，最主要的区别在于武器配置。

"无畏"级驱逐舰侧面视角

"无畏 II"级驱逐舰侧后方视角

战斗性能

"无畏 I"级的主要作战任务为反潜，装有 2 座四联装 SS-N-14 反潜导弹发射装置、2 座四联装 533 毫米鱼雷发射管、2 座十二联装 RBU-6000 反潜火箭发射装置。此外，还具备一定的防空能力，但没有反舰能力。与之相比，"无畏 II"级的用途更为广泛，能执行防空、反舰、反潜和护航等多种任务，其主要武器包括 1 门双联装 AK-130 全自动高平两用炮、8 座八联装 SA-N-9"刀刃"导弹垂直发射系统、2 座"卡什坦"近程防御武器系统、2 座 SS-N-22"日炙"四联装反舰导弹发射装置、2 座四联装多用途鱼雷发射管、10 管 RBU-12000 反潜火箭发射装置等。"无畏 I"级和"无畏 II"级均可搭载 2 架 Ka-27 反潜直升机。

港口中的"无畏 II"级驱逐舰

趣闻逸事

"无畏"级驱逐舰在俄罗斯代号为"军舰鸟"，这种海鸟有一对长而尖的翅膀，极善飞翔。当它两翼展开时，两个翼尖间的距离可达 2.3 米。这种海鸟具有掠夺习性，经常在空中袭击其他叼着鱼的海鸟。这种"抢食"行为也让它获得了"强盗鸟"的绰号。

"无畏"级驱逐舰（下）和美国"奥班农"号驱逐舰（上）并排航行

"现代"级驱逐舰

"现代"级驱逐舰是苏联于 20 世纪 80 年代建造的大型导弹驱逐舰，主要担负反舰任务，截至 2020 年 10 月仍有 4 艘在俄罗斯海军服役。

排名依据

"现代"级驱逐舰堪称 20 世纪 80 年代苏联海军反舰与防空能力最强大的一级驱逐舰，无论是整体尺寸、适航性、生存能力、火力等都超过苏联之前建造的"克列斯塔"级巡洋舰。"现代"级驱逐舰的舰首与舰尾各装有 1 门双联装 AK-130 型 130 毫米舰炮，这是冷战时期除了美国"艾奥瓦"级战列舰的 406 毫米巨炮之外，世界上口径最大的舰炮。

"现代"级驱逐舰结构图

建造历程

20 世纪 70 年代后期，苏联开始规划两种大型驱逐舰，以辅助苏联主力水面战斗群，第一种是以反潜为主要任务的"无畏"级驱逐舰，第二种则是用来辅助"无畏"级驱逐舰的"现代"级驱逐舰，档次稍低，以反舰与防空为主要任务。苏联解体后，俄罗斯海军延续了"现代"级驱逐舰的建造工作，最终建造了 21 艘，其中俄罗斯海军装备了 17 艘，其他 4 艘出口国外。截至 2020 年 10 月，仍有 4 艘"现代"级驱逐舰在役，主要服役于太平洋舰队和北方舰队。

高速航行的"现代"级驱逐舰

舰体构造

"现代"级驱逐舰的舰体采用低长宽比的设计方式，虽然比较不利于高速性能，但是增加了适航性与耐波能力，较适合远洋作战。舰体由高强度钢材制造，全舰划分为 16 个水密隔舱。为了减少雷达散射截面积，"现代"级驱逐舰的上层设施略有内倾，但全舰各式电子装备和武器布置杂乱，整体构型隐身效益较差。"现代"级驱逐舰采用老式蒸汽锅炉驱动蒸汽轮机，而非主流的燃气轮机，这虽然是一种逆时代的做法，但结构简单、维护成本更低的蒸汽轮机更能减轻苏联海军的负担。

左舷视角

战斗性能

"现代"级驱逐舰是一种侧重于反舰和防空的驱逐舰，在服役时会搭配同时期建造的"无畏"级反潜驱逐舰使用。该级舰的主要武器包括 2 门 AK-130 型 130 毫米舰炮、2 座四联装 KT-190 反舰导弹发射装置（发射 SS-N-22"日炙"反舰导弹，最大射程可达 120 千米）、4 门 AK-630M 型 30 毫米舰炮、2 座 3K90M-22 型防空导弹发射装置（发射 SA-N-7 防空导弹，

射程 25 千米）、2 座双联装 533 毫米鱼雷发射装置、2 座 RBU-12000 反潜火箭发射装置、8 座十联装 PK-10 诱饵发射器和 2 座双联装 PK-2 诱饵发射器。此外，该级舰还可搭载 1 架 Ka-27 反潜直升机。

侧前方视角

趣闻逸事

1985 年 8 月 21 日，苏联海军"缜密"号驱逐舰 1985 年 8 月 21 日，苏联海军"缜密"号驱逐舰（"现代"级）与"斯皮里多诺夫海军上将"号驱逐舰（"无畏"级）护送"伏龙芝"号巡洋舰（"基洛夫"级）从波罗的海造船厂调往太平洋舰队，该舰队通过巴士海峡进入东海。日本海上自卫队首先出动了一架 P-2J 反潜巡逻机，随后又派出了"朝云"号护卫舰监视"伏龙芝"号编队。

侧面视角

"金刚"级驱逐舰

"金刚"级驱逐舰是日本研制的导弹驱逐舰，一共建造了 4 艘，截至 2020 年 10 月仍全部在役。

排名依据

"金刚"级驱逐舰不仅是日本海上自卫队最早配备"宙斯盾"系统的作战舰只，也是全世界除了美国之外最早出现的"宙斯盾"驱逐舰。"金刚"级驱逐舰在设计上虽与美国"阿利·伯克"级驱逐舰 I 构型基本相同，但舰桥结构更为庞大。该级舰取消了后者的轻质十字桅杆，改用日本海上自卫队传统的重型四角格子桅杆。在 2007 年"爱宕"级驱逐舰服役之前，"金刚"级驱逐舰一直是日本海上自卫队排水量最大的作战舰艇。

"金刚"级驱逐舰结构图

建造历程

20 世纪 80 年代末，日本以美国海军"阿利·伯克"驱逐舰 I 构型为蓝本，引进"宙斯盾"作战系统，建造了 4 艘装备"标准" II 型防空导弹的"金刚"级驱逐舰，从而成为继美国之后第二个拥有"宙斯盾"驱逐舰的国家。"金刚"级驱逐舰一共建造了 4 艘，截至 2020 年 10 月仍然全部在役。

"金刚"级驱逐舰在近海航行

舰体构造

　　"金刚"级驱逐舰的主要技术都是从美国引进的，从总体的布局到重要装备的配置，基本上与"阿利·伯克"级驱逐舰相似，但也做了一些变动和发展。"金刚"级驱逐舰的舰型为高干舷的平甲板型，改用了垂直的较笨重的四角格子桅杆，在一定程度上破坏了"阿利·伯克"级驱逐舰的雷达隐身性设计。不过，"金刚"级驱逐舰的舰体比"阿利·伯克"级驱逐舰更为庞大，拥有更充裕的舰内容积，并且特别强化了"指管通情"能力。

"金刚"级驱逐舰侧面视角

"金刚"级驱逐舰前方视角

战斗性能

　　"金刚"级驱逐舰的主要武器包括：2 座 Mk 41 导弹垂直发射系统，2 座四联装"鱼叉"反舰导弹发射装置，2 座 Mk 15"密集阵"近程防御系统，2 座三联装 HOS-302 型 324 毫米鱼雷发射管，4 座六管 MK36 SRBOC 干扰火箭发射器和 SLQ-25 型"水精"鱼雷诱饵。此外，"金刚"级驱逐舰还可搭载 1 架 SH-60 直升机。由于美国没有转让"战斧"巡航导弹技术，因此"金刚"级驱逐舰不具备远程对岸攻击能力。

高速航行的"金刚"级驱逐舰

趣闻逸事

　　在日本海军的历史中，驱逐舰一般采用天文地理命名法。不过，由于"金刚"级驱逐舰的满载排水量突破 9000 吨大关，又拥有远超以往日本海上自卫队防空舰艇的战力，因此日本当局决定比照先前的"榛名"级直升机驱逐舰与"白根"级直升机驱逐舰，将"金刚"级驱逐舰冠上档次较高的"山名"——历史上日本海军只用于重型巡洋舰的命名。

"金刚"级驱逐舰（右）与美军航空母舰编队航行

"爱宕"级驱逐舰

　　"爱宕"级驱逐舰是日本设计并建造的重型防空导弹驱逐舰，一共建造了 2 艘，截至 2020 年 10 月仍然全部在役。

排名依据

　　"爱宕"级驱逐舰是日本海上自卫队现役最新型的"宙斯盾"驱逐舰，它在"金刚"级驱逐舰的基础上将舰体拉长了 4 米，并增加了附有机库的尾楼结构，使其成为日本海上自卫队第一种具备完整直升机驻舰能力的防空驱逐舰。

"爱宕"级驱逐舰结构图

建造历程

　　20 世纪 90 年代末期，日本对海上自卫队提出了执行海上弹道导弹防御任务的要求。而设计于 20 世纪 70 年代的 3 艘"太刀风"级驱逐舰性能逐渐落伍，难以满足舰队防空作战的需要。因此，日本决定在现役"金刚"级驱逐舰的基础上发展一型拥有强大区域防空能力和一定拦截弹道导弹能力的新型"宙斯盾"驱逐舰。2000年12月，日本防卫厅发表的《新中期防卫力量整备计划》中正式批准建造2艘新型"宙斯盾"驱逐舰，即"爱宕"级驱逐舰。该级舰一共建造了2艘，首舰"爱宕"号于2004年4月5日开工，2007年3月15日服役。二号舰"足柄"号于2005年4月6日开工，2008年3月13日服役。

二号舰"足柄"号

舰体构造

"爱宕"级驱逐舰采用了流行的长艏楼高平甲板、小长宽比、高干舷、方尾设计方案，舰首高大尖瘦，前倾明显，舰体横向剖面为深"V"形，舰体宽大且明显外飘。这种舰型有利于加大内部空间，利于舰的内部总体布置，并可以大大减轻舰体的横摇和纵摇，增强舰艇在高速航行时的稳定性，从而使军舰具备更好的适航性、稳定性和机动性。为了增强防护和生存能力，舰身和上层设施全部采用钢质结构，重要系统均经过抗冲击加固，特别是暴露在主舰体之外的战斗部位，使用了高碳镍铬钼钢，具有很强的抗冲击性。

俯瞰"爱宕"级驱逐舰   高速航行的"爱宕"级驱逐舰

战斗性能

　　"爱宕"级驱逐舰的主要武器包括：2 座 Mk 41 导弹垂直发射系统、2 座"密集阵"近程防御系统、2 座三联装 324 毫米 HOS-302 型旋转式鱼雷发射管、2 座四联装 90 式反舰导弹发射装置、1 门采用隐身设计的 Mk 45 Mod 4 型 127 毫米全自动舰炮、4 挺 12.7 毫米机枪，以及 4 座六管 130 毫米 Mk 36 型箔条诱饵发射装置。"爱宕"级驱逐舰在舰尾增设了直升机库，可搭载 1 架 SH-60K 反潜直升机，并在机库内设有防空导弹和反潜武器库，在直升机的运用上比"金刚"级驱逐舰更具灵活性。

"爱宕"级驱逐舰返回港口

二号舰"足柄"号

趣闻逸事

"爱宕"级驱逐舰采用地名命名法，舰名沿用了二战时期日本重巡洋舰（"高雄"级重型巡洋舰二号舰）的舰名。"爱宕"是日本京都府京都市西北部的一座山，海拔924米。

TOP 5 "世宗大王"级驱逐舰

"世宗大王"级驱逐舰是韩国自行设计并建造的第三种驱逐舰，一共建造了3艘，截至2021年9月全部在役。

排名依据

"世宗大王"级驱逐舰配备了"宙斯盾"系统，韩国也因此成为继美国、日本、澳大利亚、西班牙、挪威之后，世界上第六个拥有"宙斯盾"战舰的国家。"世宗大王"级驱逐舰的基本构型大致沿用美国"阿利·伯克"级驱逐舰ⅡA构型，两者外观极为相似。不过，由于不需要大量建造和定位比较高端，"世宗大王"级驱逐舰没有严格控制成本，在设计上允许增大舰体、设置更多的武器装备。

"世宗大王"级驱逐舰结构图

建造历程

　　"世宗大王"级驱逐舰是韩国"韩国驱逐舰实验"（KKDX）计划第三阶段研制的新型驱逐舰，由现代重工集团和大宇集团建造。该级舰安装了"宙斯盾"作战系统，整合了AN/SPY-1D相控阵雷达，具备较强的防空作战能力。该级舰共建造了3艘，首舰"世宗大王"号于2008年12月开始服役，二号舰"栗谷李珥"号于2010年8月开始服役，三号舰"西厓柳成龙"号于2012年8月开始服役。

三号舰"西厓柳成龙"号

舰体构造

　　"世宗大王"级驱逐舰比较注重隐身性能，采用长艏楼高平甲板、高干舷、方尾、大飞剪形舰首、小长宽比设计方案，舰体后部设有双直升机机库。舰首的舷墙和防浪板延伸到主炮后面的垂直发射装置。舰首呈前倾，横向剖面为深"V"形，舰体较宽并外飘，边角采用圆弧过渡。

"世宗大王"级驱逐舰前方视角

"世宗大王"级驱逐舰右舷视角

战斗性能

　　"世宗大王"级驱逐舰装有1门Mk 45 Mod 4型127毫米舰炮、1座"拉姆"近程防空导弹系统、1座"守门员"近程防御武器系统、10座八联装 Mk 41 垂直发射系统、6座八联装 K-VLS 垂直发射系统、4座四联装 SSM-700K"海星"反舰 导弹发射装置、2 座三联装 324 毫米 "青鲨"鱼雷发射 管。此外，该级舰 还可搭载 2 架"超 山猫"反潜直升机。

侧面视角

趣 闻 逸 事

　　"世宗大王"级驱逐舰以韩国古代人名命名，世宗大王李裪是李氏朝鲜第四代 君主，他 22 岁即位，共在位 32 年（1418—1450），在位期间是朝鲜王朝的鼎盛 时期。

"世宗大王"级驱逐舰参加美韩联合军事演习

电子设备

"世宗大王"级驱逐舰装有 AN/SPY-11D 相控阵雷达和 SPS-95K 导航雷达，电子战设备为 SLQ-200（V）5K 综合电子战系统，其中包括 4 ～ 6 座 MK-2 干扰弹发射装置，可对来袭导弹进行干扰。此外，还可收放 SLQ-261K 型拖曳式鱼雷诱饵。该级舰的电子设备还有利顿公司的 KNDS Link-11/16 号海军战术资料链和美制"协同作战系统"（CEC）等。

美国海军军官参观"世宗大王"级驱逐舰的指挥中心

实战掠影

2014 年，"世宗大王"级驱逐舰的三号舰"西厓柳成龙"号成功进行了"标准 2"（SM-2）导弹拦截试验。

2020 年 8 月 17—31 日，韩国海军派遣"西厓柳成龙"号驱逐舰、"忠武公李舜臣"号驱逐舰、2 架"山猫"直升机和 570 多名官兵参加了 2020 年环太平洋军事演习（RIMPAC）。这是在美国夏威夷海域举行的最大规模多国海上联合军演。

"世宗大王"级驱逐舰（前）与美国海军"阿利·伯克"级驱逐舰（后）

"世宗大王"级驱逐舰的 127 毫米舰炮开火

同级概览

舷号	舰名	开工时间	下水时间	服役时间
DDG-991	"世宗大王"号	2006 年 5 月	2007 年 5 月	2008 年 12 月
DDG-992	"栗谷李珥"号	2006 年 11 月	2008 年 11 月	2010 年 8 月
DDG-993	"西厓柳成龙"号	2007 年 12 月	2011 年 3 月	2012 年 8 月

高速航行的"栗谷李珥"号驱逐舰

"西厓柳成龙"号驱逐舰抵达珍珠港

西班牙"胡安·卡洛斯一世"号驱逐舰右舷视角

"地平线"级驱逐舰

"地平线"级驱逐舰是法国和意大利联合设计建造的防空型驱逐舰,一共建造了4艘,两国海军各装备2艘。

排名依据

"地平线"级驱逐舰是欧洲最新锐的防空舰艇之一,从细节到主体设计无一不是欧洲国防科技的结晶。该级舰集多种功能于一身,除为航空母舰提供有效的防空火力支援外,还具有较强的反潜、反舰及对岸作战能力。

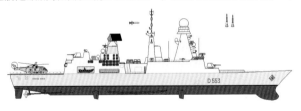

"地平线"级驱逐舰结构图

建造历程

1992年,英国、法国和意大利在NFR-90北约巡防舰计划失败后发表联合声明,表示将继续合作造舰,由此催生了"地平线"计划和"主防空导弹系统"研发案。1999年,英国因需求不同而撤出计划,但法国和意大利在"地平线"计划上有较多的共同点,因此并没有放弃这个项目。为了能让"地平线"项目顺利进行，法国和意大利在2000年10月联合组建新公司，专门负责"地平线"项目的开发。之后，法国、意大利两国政府签署了关于修改"地平线"计划的谅解备忘录，首批为两国海军分别建造 2 艘。

法国版二号舰"舍瓦利亚·保罗"号

舰体构造

"地平线"级驱逐舰有着浓郁的法国特色，舰上采用的海军战术情报处理系统、近程防御系统等由法国自主研制。基本型的法国"地平线"级驱逐舰的满载排水量为 7050 吨，意大利版为 6700 吨；舰长均为 151.6 米；法国版的舰宽为 20.3 米、意大利版为 17.5 米；法国版的吃水深度为 4.8 米、意大利版为 5.1 米。

侧面视角

战斗性能

"地平线"级驱逐舰装备的主防空导弹系统由欧洲多功能相控阵雷达（EMPAR）、席尔瓦垂直发射系统以及"阿斯特"导弹组成。在反舰方面，法国版选用"飞鱼"MM40 导弹，意大利版选用"奥托马特"Mk 3 导弹。在反潜方面，"地平线"级驱逐舰拥有 2 座三联装 MU90 鱼雷发射管，能够发射 MU-90 型 324 毫米轻型鱼雷。法国版装有 2 门奥托·梅莱拉 76 毫米速射炮（射速 120 发 / 分，配备隐身炮塔）和 2 门吉亚特 20 毫米舰炮，意大利版则装备 3 门奥托·梅莱拉 76 毫米速射炮和 2 门 25 毫米自动炮。此外，两种版本均可搭载 2 架 NH-90 直升机。

意大利版二号舰"卡欧·杜利奥"号

趣闻逸事

"地平线"级护卫舰得名于"地平线"计划，法国海军和意大利海军均以本国历史上著名海军将领的名字为其命名，如"安德烈亚·多里亚"号的命名源自文艺复兴时期的意大利海军将领安德烈亚·多里亚。

法国版一号舰"福尔班"号

电子设备

除了主要的 EMPAR 防空火控雷达之外，"地平线"级驱逐舰还配备了 1 部 S-1850M 长程电子扫瞄预警雷达作为 EMPAR 的辅助。电子战方面，"地平线"级驱逐舰配备电子对抗 / 支援、通信干扰系统，以及两具萨基姆公司开发的新世代诱饵发射系统（NGDS）。该级舰的数据链系统涵盖美国 Link-11/14/16/22 等规格（法国版被称为 LADT），法国版还配备 Syracuse III 卫星通信系统。

"地平线"级驱逐舰的战斗管理系统舱室

▌▌▌▷ 实战掠影

2012年4月4日，法国海军"福尔班"号驱逐舰发射"阿斯特"导弹成功摧毁一个模拟超音速掠海反舰导弹的目标。负责目标模拟的超音速掠海靶弹由位于法属里维埃拉黎凡特岛的军方导弹试验中心发射。法国国防部表示，此次试射与法国采办局合作进行，试射加强了法国海军航母战斗群和两栖战斗群在面对日益严重的反舰导弹威胁时的防卫能力。

高速航行的"地平线"级驱逐舰

"地平线"级驱逐舰安装的舰炮

同级概览

舷号	舰名	开工时间	下水时间	服役时间
D620	"福尔班"号	2002 年 4 月	2005 年 5 月	2008 年 12 月
D621	"舍瓦利亚·保罗"号	2003 年 10 月	2006 年 7 月	2009 年 6 月
D553	"安德烈亚·多里亚"号	2002 年 7 月	2005 年 10 月	2007 年 12 月
D554	"卡约·杜伊利奥"号	2003 年 9 月	2007 年 10 月	2009 年 4 月

法国海军"福尔班"号驱逐舰

意大利海军"安德烈亚·多里亚"号驱逐舰

法国海军装备的两艘"地平线"级驱逐舰

"勇敢"级驱逐舰

"勇敢"级驱逐舰是英国于21世纪初开始建造的新一代导弹驱逐舰，又称为45型驱逐舰，一共建造了6艘，首舰于2009年开始服役。

排名依据

"勇敢"级驱逐舰是英国海军现役的主力导弹驱逐舰，配备主防空导弹系统（PAAMS），以及性能优异的"桑普森"相控阵雷达和S1850M远程雷达，并划时代地采用了整合式全电力推进系统，堪称世界上最新锐的现役驱逐舰之一。

"勇敢"级驱逐舰结构图

建造历程

1991年，英国与法国合作制订"未来护卫舰"计划，意大利也在1992年年底加入这个团队。由于各国需求不一，英国最终于1999年4月退出了这一计划。此后，英国决定自行发展新一代驱逐舰，其成果就是"勇敢"级驱逐舰。该级舰原计划建造12艘，但由于英国海军经费持续缩减，驱逐舰和护卫舰的规模由原本的 31 艘缩减至 25 艘，"勇敢"级驱逐舰也受到经费缩减的影响，最终建造数量降至 6 艘。

侧面视角

舰体构造

　　"勇敢"级驱逐舰采用模块化建造方式，主承包商承造舰体与次承包商制造次系统在同时进行，舰体完成后，系统就直接送到造船厂装上舰体。由于采用模块化建造，不仅减少了建造时间与成本，未来进行维修、改良也十分便利。为了对抗北大西洋上恶劣的风浪，"勇敢"级驱逐舰的舰炮前方设有大型挡浪板。动力系统方面，"勇敢"级驱逐舰采用了革命性的整合式全电力推进系统（FEP），该推进系统包含两具劳斯莱斯 WR-21 燃气涡轮机组（分别驱动 1 个 21 兆瓦的交流主发电机）和 2 台瓦锡兰 12V200 柴油辅助发电机。

"勇敢"级驱逐舰右舷前方视角

"勇敢"级驱逐舰舰尾视角

战斗性能

　　"勇敢"级驱逐舰装有 2 座四联装"鱼叉"反舰导弹发射装置。反潜方面，依靠"山猫"直升机（1 架）、"阿斯洛克"反潜导弹和 324 毫米鱼雷。防空方面，主要依靠"席尔瓦"导弹垂直发射系统发射"阿斯特"15 型或"阿斯特"30 型防空导弹。此外，该级舰还安装有 1 门 114 毫米舰炮、2 门 30 毫米速射炮和 2 座"密集阵"近程防御武器系统，具有一定的对陆攻击、防空和反舰能力。

侧面视角

舰首视角

趣 闻 逸 事

　　"勇敢"级驱逐舰最重要的武器就是主防空导弹系统（PAAMS），这也是许多新一代欧洲海军舰艇的重要武器。PAAMS 的雷达系统因使用国不同而异，但导弹都是由法国研发的"阿斯特"防空导弹。"勇敢"级驱逐舰选择的雷达是由英国宇航系统公司研发的"桑普森"主动式多功能相控阵雷达，其技术层次与性能都十分优异，但造价极为高昂。虽然"勇敢"级驱逐舰的排水量低于美国"阿利·伯克"级驱逐舰，防空导弹的搭载量也远少于后者，但"勇敢"级驱逐舰的总成本却比"阿利·伯克"级驱逐舰高出不少，"桑普森"雷达是主要原因之一。

电子设备

　　"勇敢"级驱逐舰装备的电子设备较为完善，包括多种雷达设备、声呐设备、电子战设备和通信系统、水文与气象系统等。雷达设备以"桑普森"多重目标追踪雷达和 S1850M 型 3D 对空监视雷达为主，电子战设备则包括"海蚊"导弹诱导系统和鱼雷诱导系统（SSTD）等。该级舰装备的 METOC 水文与气象系统由英国宇航系统公司生产，这是一种全面天气感知系统和水文系统。

"桑普森"多重目标追踪雷达特写

▌▌▌▷ 实战掠影

"勇敢"级驱逐舰首舰"勇敢"号在结束 2012 年亚丁湾索马里海域反海盗任务之后，于 2013 年上旬开始了其长达 9 个月的太平洋部署任务，先后访问美国东海岸、智利波多黎各、经过巴拿马运河后访问美国珍珠港希卡姆联合基地，与美国合作进行联合弹道导弹防御实验。

2013 年 10 月，"勇敢"号驱逐舰参加澳大利亚皇家海军 2013 年海军节，之后访问澳大利亚悉尼、阿德莱德、弗里曼特尔和珀斯等地。2013 年 11 月 11 日，"勇敢"号驱逐舰赶赴菲律宾接替"卓越"号航空母舰执行英国对遭受台风袭击的菲律宾的人道主义援助。同年 11 月 26 日，"勇敢"号结束对菲律宾的人道主义救援任务后，访问日本东京等地。

高速航行的"勇敢"级驱逐舰

"勇敢"级驱逐舰左舷前方视角

同级概览

舷号	舰名	开工时间	下水时间	服役时间
D32	"勇敢"号	2003 年 3 月	2006 年 2 月	2009 年 7 月
D33	"不屈"号	2004 年 8 月	2007 年 1 月	2010 年 6 月
D34	"钻石"号	2005 年 2 月	2007 年 11 月	2011 年 5 月
D35	"飞龙"号	2005 年 12 月	2008 年 11 月	2012 年 4 月
D36	"卫士"号	2006 年 7 月	2009 年 10 月	2013 年 3 月
D37	"邓肯"号	2007 年 1 月	2010 年 10 月	2013 年 9 月

"不屈"号驱逐舰

"邓肯"号驱逐舰

"勇敢"级驱逐舰俯瞰图

2 TOP “阿利·伯克”级驱逐舰

“阿利·伯克”级驱逐舰是美国于20世纪80年代开始建造的导弹驱逐舰，计划建造82艘，截至2020年10月共有68艘在役。

排名依据

“阿利·伯克”级驱逐舰是美国海军最重要的现役驱逐舰，也是世界各国现役驱逐舰中建造数量最多的一级。该级舰是世界上最先配备四面相控阵雷达的驱逐舰，掀开了世界驱逐舰发展的新篇章，之后世界各国发展的许多新锐驱逐舰都借鉴了“阿利·伯克”级驱逐舰的设计思想。为了适应时代发展，“阿利·伯克”级驱逐舰还不断融合新兴技术，产生了多种新构型，综合作战能力不断增强。

“阿利·伯克”级驱逐舰结构图

建造历程

“阿利·伯克”级驱逐舰的研制工作始于20世纪70年代中期，其研制目的是替换老旧的“孔茨”级和“查尔斯·亚当斯”级导弹驱逐舰，并作为“提康德罗加”级巡洋舰的补充力量。首舰“阿利·伯克”号于1988年12月开工，1991年7月正式服役。该级舰原计划建造62艘，最后一艘于2012年10月开始服役。不过，美国海军多次修订了“阿利·伯克”级驱逐舰的建造计划，使其计划建造数量达到 82 艘。截至 2020 年 10 月，首批建造的 62 艘"阿利·伯克"级驱逐舰全部在役。

"阿利·伯克"级驱逐舰左舷视角

舰体构造

"阿利·伯克"级驱逐舰一改驱逐舰传统的瘦长舰体，采用了一种少见的宽短线型。这种线型具有极佳的适航性、抗风浪性和机动性，能在恶劣海况下保持高速航行，横摇和纵摇幅度极小。不过，这种较为短粗的舰体在流体力学上不利于高速航行。因此，"阿利·伯克"级驱逐舰加速到 30 节所需功率比"提康德罗加"级巡洋舰要大出 25%，续航力也低于"提康德罗加"级巡洋舰和"斯普鲁恩斯"级驱逐舰。

高速航行的"阿利·伯克"级驱逐舰

战斗性能

"阿利·伯克"级驱逐舰具有对陆、对海、对空和反潜的全面作战能力，它配备了 2 座 Mk 41 导弹垂直发射系统，可视作战任务决定"战斧"导弹、"标准"II 型导弹、"海麻雀"导弹和"阿斯洛克"导弹的装弹量。值得一提的是，该级舰的后期型号可以搭载 2 架 SH-60B/F 直升机，主要用于反潜作战。"阿利·伯克"级驱逐舰配备的"宙斯盾"系统是美国海军现役最重要的整合式水面舰艇作战系统，具有强大的反击能力，可综合指挥舰上的各种武器，同时可拦截来自空中、水面和水下的多个目标，还可对目标威胁进行自动评估，从而优先击毁对自身威胁最大的目标。

左舷后方视角

右舷视角

趣 闻 逸 事

　　"阿利·伯克"级驱逐舰得名于美国海军上将阿利·伯克，他是美国海军最著名的驱逐舰指挥官之一，曾参加二战，战后历任三届海军部长。"阿利·伯克"号驱逐舰下水时，阿利·伯克本人仍然在世，他在服役典礼上说："此舰为战而生，你们拥有的是世上最好的战舰。"

"阿利·伯克"级驱逐舰编队

电子设备

　　"阿利·伯克"级驱逐舰配备的"宙斯盾"系统是美国海军现役最重要的整合式水面舰艇作战系统，具有强大的反击能力，可综合指挥舰上的各种武器，同时拦截来自空中、水面和水下的多个目标，还可对目标威胁进行自动评估，从而优先击毁对自身威胁最大的目标。

　　"宙斯盾"系统的核心是 SPY-1D 相控阵雷达，它的天线由四块八角形的固定式辐射阵面构成，工作时借助于计算机对各个阵面上的发射单元进行 360° 的相位扫描，不仅速度快、精度高，而且仅一部雷达就可完成探测、跟踪、制导等多种功能，可以同时搜索和跟踪上百个空中和水面目标。该雷达的工作参数可以迅速变换，具有极强的抗干扰能力，还能消除海面杂波的影响，可以有效探测掠海飞行的超低空目标。

"阿利·伯克"级驱逐舰的主桅杆

"阿利·伯克"级驱逐舰的声呐控制中心

实战掠影

　　2000 年 10 月 12 日，隶属于大西洋舰队的"科尔"号驱逐舰（"阿利·伯克"级驱逐舰十七号舰）奉命赴海湾地区，参加海上拦截行动，正当停泊在亚丁港准备补充燃料时，2 名恐怖分子驾驶 1 艘装满炸药的小型橡皮艇全速冲向"科尔"号，并撞在左舷中部的水线部位，将左舷炸开了一个长 12 米，宽 4 米的大洞，大量海水从破口处涌入舰内，致使军舰向左倾斜最大达 40 度，动力系统无法正常工作。经过抢修后，部分受损系统重新开始工作，军舰也恢复了平衡，但导致舰上 17 名水兵死亡，30 多人受伤。直到 2002 年 4 月 19 日，修整一新的"科尔"号在诺福克再次服役。

2003 年 3 月 20 日至 5 月 1 日，以美国为首的联军部队继 1991 年海湾战争之后又一次对伊拉克宣战。12 艘"阿利·伯克"级驱逐舰随美国海军 6 个航空母舰战斗群参加了战争。2003 年 3 月 20 日，"阿利·伯克"级驱逐舰中的"米利厄斯"号、"唐纳德·库克"号，以及 2 艘"提康德罗加"级巡洋舰和 2 艘"洛杉矶"级潜艇，向伊拉克发射了 45 枚"战斧"巡航导弹，对伊拉克发起了首轮攻击，正式拉开了战争的序幕，有效地打击了伊拉克的战略和战术目标。

2017 年 6 月 17 日，美国海军"阿利·伯克"级驱逐舰"菲茨杰拉德"号在日本附近海域与菲律宾籍货船相撞，造成 7 人死亡，包括舰长在内 3 人受伤。

"阿利·伯克"级驱逐舰发射"战斧"导弹

"阿利·伯克"级驱逐舰的 127 毫米全自动舰炮

"阿利·伯克"级驱逐舰俯瞰图

"朱姆沃尔特"级驱逐舰

"朱姆沃尔特"级驱逐舰是美国正在建造的最新一级驱逐舰，以美国海军上将朱姆沃尔特的名字命名，代号为 DDX 或 DDG-1000。

排名依据

　　"朱姆沃尔特"级驱逐舰的单艘造价高达75亿美元(超过"尼米兹"级航空母舰)，其舰体设计、电机动力、网络通信、侦测导航、武器系统等，无一不是全新研发的领先于时代的尖端科技结晶，充分展现了美国海军的科技实力、雄厚财力，以及颇具前瞻性的设计思想。该级舰安装的先进舰炮系统具有十分出色的作战性能，其装药量、持续发射能力和齐射压制能力均远超美国海军现役的 Mk 45 Mod 4 舰炮。高性能的代价就是高价格，先进舰炮系统发射的 LRLAP 制导炮弹的单价高达 80 万美元，大大超出美国海军的承受能力。

"朱姆沃尔特"级驱逐舰结构图

建造历程

　　"朱姆沃尔特"级驱逐舰由诺斯洛普·格鲁曼公司、雷神公司、通用动力公司、英国航空电子系统公司、洛克希德·马丁公司等百余家研究机构和公司联合研发。原本美国海军想要建造 32 艘"朱姆沃尔特"级驱逐舰，但由于新的实验性科技成本过高，建造数量缩减为 24 艘后，又进一步缩减至 7 艘；之后为了腾出预算继续建造新的"阿利·伯克"级驱逐舰，最终定案只建造 3 艘。首舰"朱姆沃尔特"号于 2011 年 11 月开工建造，2016 年 10 月开始服役。二号舰"迈克尔·蒙苏尔"号于 2013 年 5 月开工建造，2016 年 6 月下水。三号舰"林登·约翰逊"号于 2015 年 4 月开工建造，2018 年 12 月下水。

建造中的"朱姆沃尔特"级驱逐舰

舰体构造

　　"朱姆沃尔特"级驱逐舰采用先进而全面的隐身设计，其舰面上只有一个单一的全封闭式船楼结构。这是一个一体成型的模块化结构，采用重量轻、强度高、雷达反射性低且不会锈蚀的复合材料制造，整体造型由下往上向内收缩以降低雷达反射截面。这个结构不仅整合了舰桥和所有电子装备的天线，还容纳有主机烟囱的排烟道，尾部则建有直升机库。

侧前方视角

战斗性能

　　"朱姆沃尔特"级驱逐舰的主要武器包括 2 座先进舰炮系统（AGS）、20 具 Mk 57 导弹垂直发射系统和 2 门 Mk 46 型 30 毫米舰炮。AGS 是一种 155 毫米火炮，射速为 10 发 / 分。Mk 57 导弹垂直发射系统设置于船体周边，一共可装 80 枚导弹，包括"海麻雀"导弹、"战斧"巡航导弹、"标准" II 型导弹和反潜火箭等。"朱姆沃尔特"级驱逐舰拥有 2 个直升机库，可配备 2 架改良型的 SH-60R 反潜直升机，或者由 1 架 MH-60R 特战直升机搭配 3 架 RQ-8A"火力侦察兵"无人机的组合。

下水后的"朱姆沃尔特"号驱逐舰

趣闻逸事

　　"朱姆沃尔特"级驱逐舰得名于美国海军上将埃尔莫·朱姆沃尔特，他曾参加过二战，1970 年开始担任美国海军作战部长。

　　根据美国海军近年来的命名惯例，驱逐舰大都是以有特殊功绩的海军人物作为舰名。在"朱姆沃尔特"级驱逐舰中，三号舰"林登·约翰逊"号以美国第 36 任总统林登·约翰逊的名字命名，该舰也因此成为美国海军第 34 艘以前总统之名命名的军舰。

"朱姆沃尔特"号驱逐舰在内河测试

电子设备

"朱姆沃尔特"级驱逐舰最主要的雷达系统为双频雷达系统（DBR），分为两个部分，一是远程广域搜索雷达（VSR），二是多功能雷达（MFR）。VSR 采用波长较长的 S 频，负责长距离对空搜索，而 MFR 的型号确定为 AN/SPY-3，使用波长短而精确度高的 X 频，主要任务为目标追踪与武器火控。

除了雷达以外，"朱姆沃尔特"级驱逐舰还拥有整合光电侦测 / 火控系统，其中包括高分辨率红外线热影像仪，使其具有全天候观测能力。反潜侦测方面，"朱姆沃尔特"级驱逐舰配备整合式双频（高频 / 中频）主被动舰体声呐，其中高频声呐部分的精度极高，主要用于回避水雷。此外，美国海军正在进行 IUSW-21 计划来开发一系列先进声呐系统，包括多功能舰体声呐、高频浅水避雷主动声呐等，极有可能配备到"朱姆沃尔特"级驱逐舰。

"朱姆沃尔特"级驱逐舰后方视角

实战掠影

2016 年 11 月 21 日，"朱姆沃尔特"号驱逐舰从巴拿马运河的加勒比海侧前往太平洋侧，路过运河的下游时发生故障，之后由拖船拖出运河以免阻碍航道，暂时放在罗德曼海军基地。确定船舰状况后，"朱姆沃尔特"号驱逐舰被送回母港圣迭戈军港修复。

2020 年 5 月 16 日，"朱姆沃尔特"号驱逐舰进行了 30 毫米 Mk 46 Mod 2 型舰炮的结构开火测试，以测试舰炮开火对舰体结构和舰员的影响。

"朱姆沃尔特"级驱逐舰的先进舰炮系统

"朱姆沃尔特"级驱逐舰（前）和"独立"级濒海战斗舰（后）

同级概览

舷号	舰名	开工时间	下水时间	服役时间
DDG-1000	"朱姆沃尔特"号	2011 年 11 月	2013 年 10 月	2016 年 10 月
DDG-1001	"麦克·穆肃"号	2013 年 5 月	2016 年 6 月	2019 年 1 月
DDG-1002	"林登·约翰逊"号	2012 年 4 月	2018 年 12 月	2020 年（计划）

"朱姆沃尔特"级驱逐舰通过切萨皮克湾大桥

高速航行的"朱姆沃尔特"级驱逐舰

Chapter 04
护 卫 舰

在现代海军编队中，护卫舰是在吨位和火力上仅次于驱逐舰的水面作战舰只，但由于其吨位较小，远洋作战能力逊于驱逐舰。本章将详细介绍护卫舰（包括美国研制的两款功能类似于护卫舰的濒海战斗舰）建造史上影响力最大的 20 种型号，并根据核心技术、综合性能、单位造价、建造数量等因素对其进行客观公正的排名。

整体展示

 建造数量、服役时间和研制厂商

TOP 20　"不来梅"级护卫舰	
同级舰艇	"不来梅"号（F207）"下萨克森"号（F208）"莱茵兰-法尔兹"号（F209）"埃姆登"号（F210）"科隆"号（F211）"卡尔斯鲁厄"号（F212）"奥格斯堡"号（F213）"吕贝克"号（F214）
服役时间	1982 年至今
生产厂商	勃姆沃斯造船厂　勃姆沃斯造船厂是德国最著名的水面舰艇制造商之一，总部位于德国第二大城市汉堡

TOP 19　"阿武隈"级护卫舰	
同级舰艇	"阿武隈"号（DE-229）"神通"号（DE-230）"大淀"号（DE-231）"川内"号（DE-232）"筑摩"号（DE-233）"利根"号（DE-234）
服役时间	1989 年至今
生产厂商	三井造船株式会社　三井造船株式会社创立于 1937 年，总部位于日本东京都。它是日本重要的军事防务供应商，为日本海上自卫队建造了许多水面舰艇

TOP 18　"西北风"级护卫舰	
同级舰艇	"西北风"号（F570）"东北风"号（F571）"西南风"号（F572）"非洲风"号（F573）"贸易风"号（F574）"欧洲风"号（F575）"西风"号（F576）"和风"号（F577）
服役时间	1982 年至今
生产厂商	芬坎蒂尼造船公司　芬坎蒂尼造船公司创立于 1959 年，总部位于意大利的里雅斯特，它是意大利国有造船企业，也是欧洲最大的造船企业之一

	TOP 17 "卡雷尔·多尔曼"级护卫舰
同级舰艇	"卡雷尔·多尔曼"号（F827） "范·斯佩克"号（F828）"威廉·范·德·赞恩"号（F829）"杰克·希德斯"号（F830）"范·阿姆斯特尔"号（F831）"阿布拉汉·范·德·赫尔斯特"号（F832）"范·内斯"号（F833）"范·加伦"号（F834）
服役时间	1991 年至今
生产厂商	达门造船集团 达门造船集团创立于 1927 年，目前已经发展成为在全球拥有 30 多家造船厂及相关公司的跨国集团，业务不但包括新造船舶，还涉及船舶的保养及维修等服务

	TOP 16 "花月"级护卫舰
同级舰艇	"花月"号（F730） "牧月"号（F731） "雪月"号（F732）"风月"号（F733） "葡月"号（F734） "芽月"号（F735）
服役时间	1992 年至今
生产厂商	法国舰艇建造局 法国舰艇建造局创立于 1631 年，总部位于法国巴黎。目前，法国舰艇建造局受法国国防部下属的装备部管辖，统一组织和协调海军装备的设计、生产、试验、维修和改装工作

	TOP 15 "猎豹"级护卫舰
同级舰艇	"鞑靼斯坦"号（691） "达吉斯坦"号（693）
服役时间	2003 年至今
生产厂商	泽列诺多尔斯克造船厂 泽列诺多尔斯克造船厂是俄罗斯著名水面舰艇制造商之一，总部位于鞑靼斯坦共和国伏尔加河畔的泽列诺多尔斯克

	TOP 14 "拉斐特"级护卫舰
同级舰艇	"拉斐特"号（F710） "速科夫"号（F711） "库尔贝"号（F712）"阿克尼特"号（F713） "盖普拉特"号（F714）
服役时间	1996 年至今
生产厂商	法国舰艇建造局 法国舰艇建造局创立于 1631 年，总部位于法国巴黎。目前，法国舰艇建造局受法国国防部下属的装备部管辖，统一组织和协调海军装备的设计、生产、试验、维修和改装工作

TOP 13 "安扎克"级护卫舰	
同级舰艇	澳大利亚海军（FFH 150～FFH 157） 新西兰海军（F77、F111）
服役时间	1996 年至今
生产厂商	曼斯菲尔德•阿梅康造船厂 曼斯菲尔德•阿梅康造船厂是澳大利亚主要的水面舰艇制造商，总部位于澳大利亚维多利亚省威廉斯

TOP 12 "守护"级护卫舰	
同级舰艇	"守护"号（550） "机灵"号（531） "敏捷"号（532） "完美"号（333） "坚强"号（545）
服役时间	2007 年至今
生产厂商	北方造船厂 北方造船厂位于俄罗斯圣彼得堡市，创立于 1912 年。该厂是俄罗斯最主要的水面战斗舰艇生产商之一，在建造军用舰艇方面拥有绝对技术优势

TOP 11 "佩里"级护卫舰	
同级舰艇	美国海军（FFG-7～FFG-61） 澳大利亚海军（FFG 05、FFG 06） 西班牙海军（F81～F86） 其他（PFG-1101、PFG-1103、PFG-1105～PFG-1110）
服役时间	1977—2015 年（美国海军）
生产厂商	巴斯钢铁厂 巴斯钢铁厂是一家位于美国缅因州巴斯肯纳贝克河畔的造船厂，1844 年由托马斯•海德创立，1995 年被通用动力公司收购，主要生产私人用、商用和军用船舶

TOP 10 "什瓦里克"级护卫舰	
同级舰艇	"什瓦里克"号（F47） "萨特普拉"号（F48） "萨雅德里"号（F49）
服役时间	2010 年至今
生产厂商	马扎冈造船厂 马扎冈造船厂是一家印度国营造船厂，也是印度头号舰艇生产商，总部设在孟买市，主要为海军生产潜艇、护卫舰和驱逐舰

TOP 9 "勃兰登堡"级护卫舰	
同级舰艇	"勃兰登堡"号（F215）"石勒苏益格 - 荷尔斯泰因"号（F216）"拜仁"号（F217）"梅克伦堡 - 前波莫瑞"号（F218）
服役时间	1994 年至今
生产厂商	勃姆沃斯造船厂 勃姆沃斯造船厂是德国最著名的水面舰艇制造商之一，总部位于德国第二大城市汉堡

TOP 8 "公爵"级护卫舰	
同级舰艇	英 国 海 军（F229、F231、F234 ～ F239、F78、F79、F81 ～ F83）智利海军（FF05 ～ FF07）
服役时间	1987 年至今
生产厂商	斯旺·亨特造船厂 斯旺·亨特造船厂创立于 1880 年，总部位于英格兰纽卡斯尔市，2007 年被印度巴拉迪船厂收购

TOP 7 "不惧"级护卫舰	
同级舰艇	"不惧"号（712）"智者雅罗斯拉夫"号（727）
服役时间	1993 年至今
生产厂商	杨塔尔造船厂 杨塔尔造船厂位于俄罗斯加里宁格勒州的首府加里宁格勒市，其历史可以追溯到一战时期。目前，该厂是俄罗斯三大水面舰艇生产商之一

TOP 6 欧洲多用途护卫舰	
同级舰艇	法国海军（D650、D652 ～ D658）意大利海军（F590 ～ F599）埃及海军（FFG-1001）摩洛哥海军（701）
服役时间	2012 年至今
生产厂商	法国舰艇建造局 法国舰艇建造局创立于 1631 年，总部位于法国巴黎。目前，法国舰艇建造局受法国国防部下属的装备部管辖，统一组织和协调海军装备的设计、生产、试验、维修和改装工作

TOP 5 "阿尔瓦罗·巴赞"级护卫舰

同级舰艇	"阿尔瓦罗·巴赞"号（F-101）"胡安·德博尔冯"号（F-102）"布拉斯·莱索"号（F-103）"门德斯·努涅斯"号（F-104）"克里斯托弗·哥伦布"号（F-105）
服役时间	2002 年至今
生产厂商	伊萨尔造船厂　伊萨尔造船厂是西班牙最重要的水面舰艇制造商，总部位于西班牙首都马德里

TOP 4 "萨克森"级护卫舰

同级舰艇	"萨克森"号（F219）"汉堡"号（F220）"黑森"号（F221）
服役时间	2003 年至今
生产厂商	勃姆沃斯造船厂　勃姆沃斯造船厂是德国最著名的水面舰艇制造商之一，总部位于德国第二大城市汉堡

TOP 3 "戈尔什科夫"级护卫舰

同级舰艇	"戈尔什科夫"号（417）"卡萨托诺夫"号（431）"戈洛夫科"号 "伊萨科夫"号
服役时间	2016 年 11 月至今
生产厂商	北方造船厂　北方造船厂位于俄罗斯圣彼得堡市，创立于 1912 年。该厂是俄罗斯最主要的水面战斗舰艇生产商之一，在建造军用舰艇方面拥有绝对技术优势

TOP 2 "独立"级濒海战斗舰

同级舰艇	"独立"号（LCS-2）"科罗纳多"号（LCS-4）"杰克逊"号（LCS-6）"蒙哥马利"号（LCS-8）"嘉贝丽·吉佛斯"号（LCS-10）"奥马哈"号（LCS-12）"曼彻斯特"号（LCS-14）"塔尔萨"号（LCS-16）"查尔斯顿"号（LCS-18）"辛辛那提"号（LCS-20）"堪萨斯城"号（LCS-22）"奥克兰"号（LCS-24）"莫比尔"号（LCS-26）"萨凡纳"号（LCS-28）"堪培拉"号（LCS-30）"圣塔芭芭拉"号（LCS-32）"奥古斯塔"号（LCS-34）"金斯维尔"号（LCS-36）"皮埃尔"号（LCS-38）
服役时间	2010 年至今
生产厂商	通用动力公司　通用动力公司是一家综合性防务集团公司，创立于 1899 年，总部在弗吉尼亚州。它是美国最大的军火商之一，目前主营舰船系统、作战系统、信息系统、航空航天四大业务

TOP 1 "自由"级濒海战斗舰	
同级舰艇	"自由"号（LCS-1）"沃思堡"号（LCS-3）"密尔沃基"号（LCS-5）"底特律"号（LCS-7）"小岩城"号（LCS-9）"苏城"号（LCS-11）"威奇托"号（LCS-13）"比林斯"号（LCS-15）"印第安纳波利斯"号（LCS-17）"圣路易斯"号（LCS-19）
服役时间	2008 年至今
生产厂商	洛克希德•马丁公司 洛克希德•马丁公司是 1995 年由洛克希德公司（创立于 1912 年）和马丁•玛丽埃塔公司（创立于 1961 年）合并而成的世界军火巨头，总部位于马里兰州蒙哥马利县的贝塞斯达

 # 舰体尺寸、动力装置和主要武器

TOP 20 "不来梅"级护卫舰

Mk 75 型奥托•梅莱拉 76 毫米舰炮 ×1
四联装"鱼叉"反舰导弹发射装置 ×2
八联装 Mk 29 型"海麻雀"舰对空导弹发射装置 ×1
双联装 Mk 32 型 324 毫米鱼雷发射管 ×2

通用动力 LM2500 燃气轮机 ×2
MTU 20V956 TB92 柴油发动机 ×2

吃水 6.3 米

全长 130.5 米
全宽 14.6 米

TOP 19 "阿武隈"级护卫舰

76 毫米舰炮 ×1
"密集阵"近程防御武器系统 ×1
三联装 324 毫米鱼雷发射管 ×2
"鱼叉"反舰导弹 ×8
"阿斯洛克"反潜导弹 ×8

川崎 SM1A 燃气轮机 ×2
三菱重工 S12U MTK 柴油发动机 ×2

吃水 3.7 米

全长 109 米
全宽 13 米

TOP 18　"西北风"级护卫舰

127 毫米全自动舰炮 ×1
双联装 40 毫米舰炮 ×2
"奥托马特"反舰导弹发射装置 ×4
"信天翁"舰对空导弹发射装置 ×1
二十联装 105 毫米火箭发射装置 ×2
三联装 324 毫米鱼雷发射装置 ×2

通用动力 LM2500 燃气轮机 ×2
BL-230-20-DVM 柴油发动机 ×2

吃水 4.2 米

全长 122.7 米
全宽 12.9 米

TOP 17　"卡雷尔·多尔曼"级护卫舰

奥托·梅莱拉 76 毫米紧凑型舰炮 ×1
20 毫米厄利孔舰炮 ×2
四联装 "鱼叉" 反舰导弹发射装置 ×2
"守门员" 近程防御武器系统 ×1
双联装 324 毫米鱼雷发射管 ×2

劳斯莱斯 "斯贝" SM1C 燃气轮机 ×2
斯托克·瓦特西拉 12SW280 柴油发动机 ×2

吃水 6.1 米

全长 122.3 米
全宽 14.4 米

TOP 16　"花月"级护卫舰

100 毫米全自动舰炮 ×1
F2 型 20 毫米舰炮 ×2
"飞鱼" MM38 型反舰导弹 ×2

皮尔斯蒂克 6PA6 L280 柴油发动机 ×4

吃水 4.3 米

全长 93.5 米
全宽 14 米

TOP 15　"猎豹"级护卫舰

AK-176 型 76 毫米舰炮 ×1
AK-630 近程防御武器系统 ×2
四联装 KT-184 反舰导弹发射装置 ×2
ZIF-122 双臂防空导弹发射装置 ×1
十二联装 RBU-6000 反潜火箭深弹发射装置 ×1
双联装 533 毫米鱼雷发射管 ×2

燃气轮机 ×2
61D 柴油发动机 ×1
柴油发电机 ×3

吃水 5.3 米

全长 102.1 米
全宽 13.1 米

TOP 14　"拉斐特"级护卫舰

100 毫米自动舰炮 ×1
20 毫米舰炮 ×2
八联装 "响尾蛇" 防空导弹发射装置 ×1
四联装 "飞鱼" MM40 型反舰导弹发射装置 ×2

皮尔斯蒂克 12PA6 V280 STC2 柴油发动机 ×4

吃水 4.1 米

全长 125 米
全宽 15.4 米

TOP 13　"安扎克"级护卫舰

127 毫米 Mk 45 舰炮 ×1
八联装 Mk 41 垂直发射系统 ×1
三联装 324 毫米鱼雷发射管 ×2

通用动力 LM2500 燃气轮机 ×1
MTU 12V1163 TB83 柴油发动机 ×2

吃水 4.4 米

全长 118 米
全宽 14.8 米

TOP 12　"守护"级护卫舰

AK-190 型 100 毫米自动舰炮 ×1
AK-630 型 30 毫米舰炮 ×2
"卡什坦" 近程防御武器系统 ×1
四联装 "鲁道特" 导弹垂直发射系统 ×3
四联装 330 毫米鱼雷发射管 ×2

科洛姆纳 16D49 柴油发动机 ×4

吃水 3.7 米

全长 104.5 米
全宽 11.6 米

TOP 11　"佩里"级护卫舰

单臂 Mk 13 型导弹发射装置 ×1
单管 Mk 75-0 型 76 毫米舰炮 ×1
"密集阵" 近程防御武器系统 ×2
三联装 Mk 32 型鱼雷发射管 ×2
六管 Mk 36 型 "萨布洛克" 干扰火箭 ×2

通用动力 LM2500 燃气轮机 ×2

吃水 6.7 米

全长 136 米
全宽 14 米

TOP 10　"什瓦里克"级护卫舰

奥托·梅莱拉 76 毫米舰炮 ×1
3S-90 单臂防空导弹发射器 ×1
八联装 3S14E 反潜导弹垂直发射系统 ×1
AK-630 近程防御武器系统 ×2
RBU-6000 反潜火箭深弹发射器 ×2
双联装 DTA-53-956 鱼雷发射装置 ×2
通用动力 LM2500 燃气轮机 ×2
皮尔斯蒂克 16 PA6 STC 柴油发动机 ×2

吃水 4.5 米

全长 142.5 米
全宽 16.9 米

TOP 9　"勃兰登堡"级护卫舰

奥托·梅莱拉 76 毫米舰炮 ×1
双联装 "飞鱼" MM38 型反舰导弹发射装置 ×2
十六联装 Mk 41 型垂直发射装置 ×1
二十一联装 Mk 49 "拉姆" 舰对空导弹发射装置 ×2
双联装 Mk 32 型鱼雷发射管 ×2

通用动力 LM2500 燃气轮机 ×2
MTU 20V 956 TB92 巡航用柴油发动机 ×2

吃水 4.4 米

全长 138.9 米
全宽 16.7 米

TOP 8　"公爵"级护卫舰

Mk 8 型 114 毫米舰炮 ×1
30 毫米舰炮 ×2
四联装 "鱼叉" 反舰导弹发射装置 ×2
三十二联装 "海狼" 舰对空导弹发射装置 ×1
双联装 324 毫米鱼雷发射管 ×2

劳斯莱斯 "斯贝" SM-1A 燃气轮机 ×2
帕克斯曼 12CM 柴油发电机 ×4

吃水 7.3 米

全长 133 米
全宽 16.1 米

TOP 7　"不惧"级护卫舰

AK-100 型 100 毫米舰炮 ×1
四联装 SS-N-25 "弹簧刀" 反舰导弹发射装置 ×4
八联装 3S-95 转轮式垂直发射系统 ×4
"卡什坦" 近程防御武器系统 ×2

燃气轮机 ×2

吃水 5.6 米

全长 129 米
全宽 15.6 米

TOP 6　欧洲多用途护卫舰

奥托·梅莱拉 76 毫米舰炮 ×1
20 毫米舰炮 ×3
八联装"席尔瓦"导弹垂直发射系统 ×4
四联装"飞鱼"MM40 反舰导弹发射系统 ×2
三联装 324 毫米鱼雷发射装置 ×2

通用动力 LM2500 燃气轮机 ×1
MTU 4000 柴油发电机 ×4

吃水 8.7 米

全长 144.6 米
全宽 19.7 米

TOP 5　"阿尔瓦罗·巴赞"级护卫舰

Mk 45 Mod 2 型 127 毫米舰炮 ×1
20 毫米舰炮 ×2
四十八联装 Mk 41 型导弹垂直发射系统 ×1
四联装"鱼叉"反舰导弹发射装置 ×2
双联装 Mk 32 型鱼雷发射装置 ×2

通用动力 LM2500 燃气轮机 ×2
卡特彼勒 3600 柴油发动机 ×2

吃水 4.8 米

全长 146.7 米
全宽 18.6 米

TOP 4　"萨克森"级护卫舰

76 毫米舰炮 ×1
27 毫米舰炮 ×2
八联装 Mk 41 型导弹垂直发射装置 ×4
四联装"鱼叉"反舰导弹发射装置 ×2
RIM-116B"拉姆"舰对空导弹发射装置 ×2
三联装 MU90 鱼雷发射管 ×2

通用动力 LM2500 燃气轮机 ×1
MTU 20V 1163 TB92 柴油发动机 ×2

吃水 6 米

全长 143 米
全宽 17.4 米

TOP 3　"戈尔什科夫"级护卫舰

A-192M 型 130 毫米舰炮 ×1
八联装 3R14 通用垂直发射系统 ×2
八联装 3K96 防空导弹垂直发射系统 ×4
"佩刀"近程防御武器系统 ×2
四联装 330 毫米鱼雷发射器 ×2
MTPU 型 14.5 毫米机枪 ×2

M90FR 燃气轮机 ×2
10D49 柴油发动机 ×2

吃水 4.5 米

全长 135 米
全宽 15 米

TOP 2 "独立"级濒海战斗舰

Mk 110 型 57 毫米舰炮 ×1
"拉姆"舰对空导弹发射装置 ×1
12.7 毫米机枪 ×4

通用动力 LM2500 燃气轮机 ×2
MTU 20V 柴油发动机 ×2

吃水 4.3 米

全长 127.4 米
全宽 31.6 米

TOP 1 "自由"级濒海战斗舰

Mk 110 型 57 毫米舰炮 ×1
Mk 49 型导弹发射装置 ×1
12.7 毫米机枪 ×4

劳斯莱斯 MT30 燃气轮机 ×2

吃水 3.9 米

全长 115 米
全宽 17.5 米

基本战斗性能对比

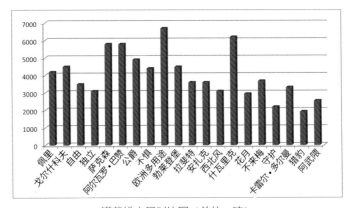

满载排水量对比图（单位：吨）

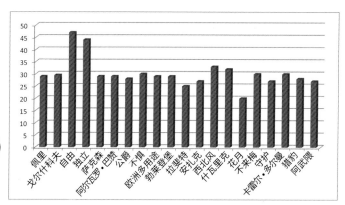

最高航速对比图（单位：节）

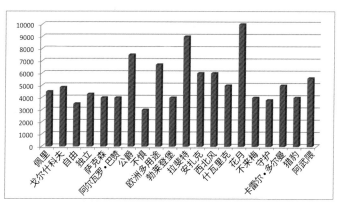

续航距离对比图（单位：海里）

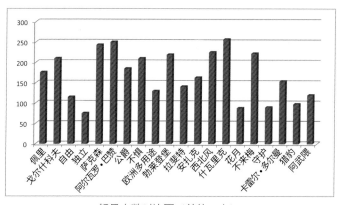

舰员人数对比图（单位：人）

"不来梅"级护卫舰

"不来梅"级护卫舰是德国于 20 世纪 70 年代研制的多用途护卫舰，一共建造了 8 艘，截至 2020 年 10 月仍有 1 艘在役。

排名依据

"不来梅"级护卫舰满载排水量为 3680 吨，装备 2 座四联装"鱼叉"反舰导弹发射装置，并以荷兰信号公司的 DA-08 高平搜索雷达和 WM-25 火控雷达搭配八联装 Mk 29 型"海麻雀"航对空导弹发射装置，这种配置在 20 世纪 80 年代堪称豪华。20 世纪 90 年代后，德国海军对"不来梅"级护卫舰进行了改良，作战性能进一步提升。

"不来梅"级护卫舰结构图

建造历程

为了取代老旧的"汉堡"级与"科隆"级驱逐舰，德国在 1972 年制订了新一代中型舰艇的研发计划，由于荷兰海军也有类似的新一代舰艇需求，于是一起参与设计工作。首舰于 1979 年 7 月开工建造，1979 年 9 月下水，

1982 年 5 月开始服役。八号舰于 1987 年 6 月开工建造，1987 年 10 月下水，1990 年 3 月开始服役。参与研发合作的荷兰也在两国合作研究的基础上，推出了堪称"不来梅"级护卫舰孪生姊妹的"科顿艾尔"级护卫舰。

侧面视角

舰体构造

"不来梅"级护卫舰针对德国海军本身（特别是北海的作业环境）以及北约的需求而设计，着重反水面作战，同时需要具备足够的防空与反潜

自卫能力，以便在威胁较大的环境下作业。"不来梅"级护卫舰的舰体严格实施隔舱化设计，以提高舰艇的生存性，全舰划分为 2 处损害管制区域。该级舰外观上最大的识别特征就是主桅杆上 TRS-3D 高平搜索雷达硕大的环形护罩。

正面视角

战斗性能

"不来梅"级护卫舰具有远洋反潜、对海作战和近程防御能力，主要武器包括：2 座四联装"鱼叉"反舰导弹发射装置，1 座八联装 Mk 29 型"海

麻雀"中程舰空导弹发射装置，2座双联装 Mk 32 型 324 毫米鱼雷发射管，1 门 Mk 75 型奥托·梅莱拉单管 76 毫米高平两用炮。此外，该级舰尾部设有直升机机库，可搭载 2 架"山猫"反潜直升机。

"不来梅"级护卫舰参加北约军事演习

趣 闻 逸 事

　　"不来梅"级护卫舰采用地名命名法，各舰均以德国城市命名。首舰得名于德国北部城市不来梅，该城具有悠久的历史，早在公元 8 世纪即已建城。目前，不来梅是德国不来梅州的州府、第二大港口城市、第五大工业城市和西北部的政治、经济文化中心。

港口中的首舰"不来梅"号

"阿武隈"级护卫舰

"阿武隈"级护卫舰是日本于 20 世纪 80 年代末开始建造的多用途护卫舰，一共建造了 6 艘，截至 2020 年 10 月仍全部在役。

排名依据

"阿武隈"级护卫舰是日本海上自卫队较早引入舰体隐形技术的战斗舰艇，隐形效果较好。相比于过去日本海上自卫队护卫舰仅有 1000 多吨排水量，体型较大的"阿武隈"级护卫舰拥有更好的耐波力、续航力、乘员居住舒适性，并配备了更齐全的武器。

"阿武隈"级护卫舰结构图

建造历程

日本海上自卫队原计划建造 11 艘"阿武隈"级护卫舰，后来因为"初雪"

级驱逐舰服役，最终只建造了6艘，均以日本在二战中使用的巡洋舰命名。首舰"阿武隈"号于1988年3月开工，1988年12月下水，1989年12月开始服役。六号舰"利根"号于1991年2月开工，1993年2月开始服役。

侧前方视角

舰体构造

"阿武隈"级护卫舰的两舷船体向内倾斜，这样可使雷达波向海面扩散，达到不易被对方雷达捕捉的目的。"阿武隈"级护卫舰采用可变螺距的侧斜螺旋桨，可以降低转数约1/4，既降低了噪声，又提高了隐蔽性。

高速航行的"阿武隈"级护卫舰

战斗性能

传统的日本护卫舰作战任务比较单一，其武器装备除舰炮外，通常只装备火箭深弹或"阿斯洛克"反潜导弹。"阿武隈"级护卫舰则实现了多用途化，装备了较先进的"鱼叉"反舰导弹、76毫米舰炮、"密集阵"近程防御武器系统、"阿斯洛克"反潜导弹、反潜鱼雷、电子战系统等，能执行多种作战任务。

港口中的"阿武隈"级护卫舰

趣闻逸事

"阿武隈"级护卫舰采用河川名命名法，首舰得名于日本本州东北部的河流——阿武隈川，其主流长 239 千米，流经福岛县和宫城县，流域面积约 5400 平方千米。阿武隈川支流众多，主要有大龙根川、白石川等。

侧后方视角

18 TOP
"西北风"级护卫舰

"西北风"级护卫舰是意大利海军于 20 世纪 80 年代装备的多用途护卫舰，共建造了 8 艘，截至 2020 年 10 月仍有 4 艘在役。

排名依据

"西北风"级护卫舰是以反潜为主的多用途护卫舰，其满载排水量只有 3100 吨，但反潜系统却配备了 2 架中型舰载直升机，这在同类舰艇中极为罕见。"西北风"级护卫舰的布置十分紧凑，其武器密度（每千吨空载排水量的武器系统数）、有效载荷重量比（有效载荷与空载排水量的百分比）都远大于其他西方国家的护卫舰。

"西北风"级护卫舰结构图

建造历程

1975 年，意大利海军参谋部批准了"西北风"级护卫舰的设计计划。

1976 年 12 月，意大利海军订购了首批 6 艘，1980 年 10 月订购了最后 2 艘，总计 8 艘。首舰"西北风"号于 1978 年 3 月开工，1981 年 2 月下水，1982 年 3 月开始服役。八号舰"和风"号于 1984 年 5 月下水，1985 年 5 月开始服役。

侧前方视角

舰体构造

"西北风"级护卫舰在设计上基本可以视为其前级"狼"级护卫舰的放大版，不仅将舰体尺寸、排水量放大以增加适航性，侦测能力、电子系统以及反潜能力也经过强化。

"西北风"级护卫舰的舰体构型相当合理，改善了适航性以及高速性能。因其螺旋桨直径较大，所以使其转速变慢相应地降低噪声，非常有利于反潜作战。

侧面视角

战斗性能

"西北风"级护卫舰是以反潜为主的多用途护卫舰，因此特别注意自身的安静性，采取了多种降低噪声的措施。该级舰装有4座"奥托马特"反舰导弹发射装置、1座"信天翁"舰对空导弹发射装置、1门127毫米全自动舰炮、2门双联装40毫米舰炮、2座二十联装105毫米火箭发射装置、2座三联装324毫米鱼雷发射装置。此外，"西北风"级护卫舰还可搭载2架反潜直升机。

高速航行的"西北风"级护卫舰

趣闻逸事

2012年8月2日，菲律宾国防部长表示，菲律宾将从意大利购买2艘退役的"西北风"级护卫舰，以强化海军制海能力。这两艘"西北风"级护卫舰预定于2013年退役，随后进行大翻修，并计划于2013年11月交付菲律宾，合约总值约2.79亿美元。售予菲律宾时，舰上的反潜与防空武器将予以保留。然而，菲律宾随后又更改了计划，打算追加预算，从意大利购入2艘新造的"西北风"级护卫舰（预算约4亿美元）。截至2020年10月，这笔交易仍未达成。

正面视角

"卡雷尔·多尔曼"级护卫舰

"卡雷尔·多尔曼"级护卫舰是荷兰于 20 世纪 80 年代研制的多用途导弹护卫舰，共建造了 8 艘，首舰于 1991 年开始服役。

排名依据

"卡雷尔·多尔曼"级护卫舰是以反潜为主的多用途护卫舰，其设计吸收了世界先进驱逐舰和护卫舰船型的优点，特别适合大西洋寒冷海区的海上活动。

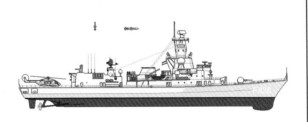

"卡雷尔·多尔曼"级护卫舰结构图

建造历程

随着高新技术在海军中的应用，导弹垂直发射装置不断出现在美、俄等国水面舰艇上。由于这种发射装置反应快，导弹发射出去后可向任意方向攻击，因此深受各国海军的青睐。20 世纪 90 年代，荷兰海军也将导弹垂直发射装置应用于新一级护卫舰上，即"卡雷尔·多尔曼"级护卫舰。该级舰一共建造了 8 艘，2020 年 10 月仍有 2 艘在荷兰海军服役，其他几艘退役后被售予比利时海军（2 艘）、智利海军（2 艘）和葡萄牙海军（2 艘）。

智利海军的"卡雷尔·多尔曼"级护卫舰

舰体构造

　　"卡雷尔·多尔曼"级护卫舰采用平甲板船型，首舷弧从舰体中部开始出现，直至舰首，使整体看上去首舷弧并不明显，但舰首的高度已增加不少，以减小甲板上浪的机会。舰首尖瘦，舰体中部略宽，下设减摇鳍。

折角线从舰首一直到舰尾，使主甲板与上甲板之间的舱室舷侧壁与甲板垂直，有利于各种装备和生活空间的布置。上层设施位于舰体中部，较长，占全舰长的一半以上，但高度较小。

售予比利时海军的"卡雷尔·多尔曼"级护卫舰

战斗性能

　　"卡雷尔·多尔曼"级护卫舰的主要武器包括：2座四联装"鱼叉"反舰导弹发射装置，Mk 48型"海麻雀"舰对空导弹垂直发射装置，1门奥托·梅莱拉76毫米紧凑型舰炮，1座荷兰电信公司的"守门员"近程防御武器系统，2门20毫米厄利孔舰炮，2座双联装324毫米鱼雷发射管。此外，该级舰还可搭载1架"大山猫"直升机。

侧前方视角

趣 闻 逸 事

　　"卡雷尔·多尔曼"级护卫舰以荷兰历史上一些著名的海军军官的名字命名，首舰得名于荷兰海军少将卡雷尔·多尔曼，他参加了二战，在爪哇海之战中牺牲。

侧面视角

"花月"级护卫舰

　　"花月"级护卫舰是法国于 20 世纪 90 年代初开始建造的护卫舰，法国称之为"警戒护卫舰"，共建造了 8 艘，从 1992 年服役至今。

排名依据

　　"花月"级护卫舰没有高强度的正规作战能力，主要功能包括近距离反水面、少量的远距离反水面能力，以及最低限度的点防空能力，而不具备任何反潜能力。不过，法国海军对这类舰艇的要求并非着眼于强大的作战能力与科技水平，而是看重"花月"级护卫舰在操作与维护上的简单便利、较低的训练需求与损耗、可靠的性能、购置与维持的经济性、续航能力、远洋长期独力作战能力等。"花月"级护卫舰可以长期在远离法国本土的海域有效执行各种低强度任务。

"花月"级护卫舰结构图

建造历程

冷战结束后，法国认为大规模的军事对抗风险已经消失，法国海军有了新的任务，即保护法国专属经济区。由于法国海军现役的护卫舰已老化，于是法国便以"警戒护卫舰"为概念，研制出了"花月"级护卫舰。法国海军一共装备了6艘"花月"级护卫舰，均以法国共和历的月份命名，首舰"花月"号在1990年4月开工，同年10月下水，1992年服役。除装备法国海军外，"花月"级护卫舰还出口到摩洛哥（2艘）。

摩洛哥装备的"花月"级护卫舰

舰体构造

"花月"级护卫舰的舰体以商船的标准建造，不过仍以军用标准设置水密隔舱。舰体设计的最大特色就是粗短肥胖，长宽比仅6.88，在军舰中极为罕见，虽然这种设计特色使它具备了极佳的稳定性，在5级海况下仍能让直升机起降。但代价就是航行阻力大增，降低了航速。由于任务上的特性，"花月"级护卫舰的舰体完全没有使用同时期"拉斐特"级护卫舰采用的舰体隐身设计技术。

港口中的"花月"级护卫舰

战斗性能

　　"花月"级护卫舰的主要武器包括1门100毫米全自动舰炮，2门F2型20毫米舰炮（射速720发/分，最大射程8千米）以及2枚"飞鱼"MM38型反舰导弹。此外，"花月"级护卫舰还可搭载1架AS 332F"超美洲豹"直升机或AS 565"黑豹"直升机。"花月"级护卫舰操作与维护简便、性能可靠、续能航力较强，能够长期在远离本土的海域有效执行各种低强度任务。

"花月"级护卫舰侧面视角

趣闻逸事

　　"花月"级护卫舰是以法国共和历的月份命名，法国共和历是法兰西第一共和国时期的革命历法，在法国大革命时期被采用，由数学家约瑟夫·路易斯·拉格朗日、加斯帕·蒙日和诗人法布尔·代格朗汀协助制定，1年12个月依次定为葡月、雾月、霜月、雪月、雨月、风月、芽月、花月、牧月、获月、热月、果月。

高速航行的二号舰"牧月"号

"猎豹"级护卫舰

"猎豹"级护卫舰是俄罗斯研制的轻型护卫舰，主要装备俄罗斯海军（2艘）和越南海军（计划6艘），首舰于2003年8月开始服役。

排名依据

　　"猎豹"级护卫舰是典型的近海作战军舰，虽然排水量和体积较小，但全面配备了导弹、水雷、鱼雷及舰载机等武器，火力比较齐全，堪称全球小吨位水面作战舰艇中的佼佼者。

"猎豹"级护卫舰结构图

建造历程

　　20世纪80年代，苏联开始设计一种1500吨至2000吨级的轻型护卫舰，以取代现役"科尼"级和"格里莎"级等护卫舰，新舰的项目代号为 Project 11660，由泽列诺多尔斯克造船厂负责建造，准备工作在 1988 年展开。首舰"鞑靼斯坦"号于 1990 年 5 月开工，随后因苏联解体一度停工，直到俄罗斯经济复苏才缓慢复工，项目代号也改为 Project 11661。2003 年 8 月 31 日，"鞑靼斯坦"号加入俄罗斯海军里海舰队服役，并且作为舰队旗舰。二号舰"达吉斯坦"号于 2012 年 11 月开始服役，同样隶属里海舰队。目前，"猎豹"级护卫舰的唯一海外用户是越南海军，计划订购 6 艘，截至 2020 年 10 月已有 4 艘开始服役。

建造中的"猎豹"级护卫舰

舰体构造

　　"猎豹"级护卫舰可搭载直升机，但没有机库，只有飞行甲板。舰首设有 1 具 MR-323 中频主 / 被动舰体声呐设备，而舰尾则设置 1 具可变深度声呐设备。目前，"猎豹"级护卫舰被分成 2.9 级和 3.9 级，3.9 级的排水量较 2.9 级大，可携带的导弹数量也较多，能在 5 级的风浪下进行巡航。

侧前方视角

▌▶ 战斗性能

　　"猎豹"级护卫舰舰桥前方的炮位以及舰尾各装有 1 座 AK-630 近程防御武器系统，舰体中部两侧各装 1 座四联装 KT-184 反舰导弹发射装置（使用 3M24 反舰导弹），舰尾有 1 座 ZIF-122 双臂防空导弹发射装置（使用 9M33 短程防空导弹），1 座 AK-176 型 76 毫米舰炮前方的甲板设有 1 座十二联装 RBU-6000 反潜火箭深弹发射装置，此外还有 2 座双联装 533 毫米鱼雷发射管。在地处封闭的里海，"猎豹"级护卫舰的火力已经算是绰绰有余，其射程 350 千米 的 3M24 反舰导弹可轻松覆盖整个里海的宽度。

越南海军装备的"猎豹"级护卫舰

趣闻逸事

　　2013 年 6 月 22 日，越南海军的两艘"猎豹"级护卫舰（HQ011、HQ012）曾搭载 200 名越南军官及水手从越南岘港市启程参加中越海军第 15 次联合巡逻，并对中国广东省湛江市进行访问交流。

侧面视角

"拉斐特"级护卫舰

"拉斐特"级护卫舰是法国于20世纪80年代末研制的导弹护卫舰，一共建造了20艘，其中法国海军装备了5艘，截至2020年10月仍全部在役。

排名依据

"拉斐特"级护卫舰的最大特点是采用了低可侦测性技术，外形极为美观，隐身性能较为出色。在"拉斐特"级护卫舰诞生之后，世界上越来越多的现代军舰开始采用类似或相同的隐形技术来进行设计建造。

"拉斐特"级护卫舰结构图

建造历程

20世纪80年代，联合国海洋法公约正式生效后，世界各濒海国家都加强了对自身海洋权益的保护，法国海军也制订了采购一批新型导弹护卫舰用于保护海外地区领海和专属经济区的计划，"拉斐特"级导弹护卫舰便由此而来。法国海军在 1988 年签约订购第一批 3 艘，1992 年再签约采购第二批 3 艘。除法国外，沙特阿拉伯和新加坡也引进了"拉斐特"级护卫舰，两国海军分别装备了 3 艘和 6 艘。

侧后方视角

舰体构造

"拉斐特"级护卫舰的舰体线条流畅，不仅有利于提高隐身性能，也极具艺术美感，充分体现了法国优良的造船工艺和审美观念。"拉斐特"级护卫舰上除了必须暴露的武器装备和电子设备，其他设备一律隐蔽安装，舰体以上甲板异常整洁，除了 1 门舰炮，几乎没有任何突出物。

侧面视角

战斗性能

"拉斐特"级护卫舰安装的武器并不多，主要武器包括：1 座八联装"响尾蛇"防空导弹发射装置，用于中远程防空；2 座四联装"飞鱼"MM40型反舰导弹发射装置，可装载 8 枚"飞鱼"导弹，用于反舰；1 门 100 毫米自动舰炮，弹库可以容纳 600 发炮弹，用于防空、反舰；2 门人工操作的 20 毫米舰炮，主要在执行海上保安任务时使用。此外，该级舰还可搭载 1 架"黑豹"直升机。

高速航行的"拉斐特"级护卫舰

趣 闻 逸 事

　　"拉斐特"级护卫舰的舰名是为了纪念 18 世纪法籍美国陆军少将、前法国国民军、国民自卫军总司令、法国立宪派领导人拉斐特侯爵。由于参加了美国独立战争和经历了法国大革命，他被称为新旧两个世界的英雄。

港口中的四号舰"阿克尼特"号

"安扎克"级护卫舰

"安扎克"级护卫舰是澳大利亚和新西兰联合研制的多用途护卫舰，也称"澳新军团"级护卫舰，共建造了 10 艘（澳大利亚 8 艘、新西兰 2 艘），从 1996 年服役至今。

排名依据

"安扎克"级护卫舰引进了德国 MEKO 200 建造技术，对澳大利亚海军来说具有里程碑意义。凭借 MEKO 200 的模块化造船技术，"安扎克"级护卫舰拥有完善的武备，并保有相当充裕的后续扩充空间，可以随时追加新的装备。

"安扎克"级护卫舰结构图

建造历程

1989 年 11 月 10 日，澳大利亚曼斯菲尔德·阿梅康造船厂作为主承包商与澳大利亚军方签订了建造 10 艘"安扎克"级护卫舰的合同，其中 8 艘为澳大利亚海军建造，2 艘为新西兰海军建造。首舰"安扎克"号于 1993

年 11 月开工建造,1994 年 9
月下水,1996 年 5 月开始服役。
该级舰的名称是为了纪念一战
时的澳大利亚和新西兰军团,
同时也意味着两国希望再进行
一次成功的军事合作。

"安扎克"级护卫舰在近海航行

舰体构造

"安扎克"级护卫舰的武器系统、电子系统、控制台,甚至桅杆等设
备都是按照标准尺寸制成的独
立模块,在岸上由分包商在厂
房内组装测试,然后被运送到
船厂,安装到标准底座上。这
种建造方式不仅可以节省安装
时间,最大限度地避免失误,
也更容易进行改装或升级。

高速航行的"安扎克"级护卫舰

战斗性能

"安扎克"级护卫舰拥有完善的装备,并且保有相当充裕的后续扩充
空间,可以随时追加新的装备。其主要武器包括:1 座八联装 Mk 41 垂直
发射系统(发射"海麻雀"导弹),2 座三联装 324 毫米鱼雷发射管(发
射 Mk 46 鱼雷),1 门 127 毫米 Mk 45 舰炮。另外,"安扎克"级护卫舰
两舷架设有多挺 M2HB 重机枪,以抵御自杀船袭击,同时可以增强对海盗
船的威慑力。该级舰还可以搭载 1 架直升机,澳大利亚海军装备西科斯基

S-70B 直升机，新西兰海军则装备卡曼 SH-2G 直升机。

侧前方视角

趣闻逸事

2005 年 1 月 22 日夜间，隶属澳大利亚海军的"安扎克"级护卫舰"巴拉瑞特"号（FFH 155）在印度洋例行巡逻时，意外搁浅于圣诞岛附近的海域，导致推进器受损，但是没有人员伤亡。

"安扎克"级护卫舰及其舰载直升机

"守护"级护卫舰

"守护"级护卫舰是俄罗斯海军正在建造的多用途轻型导弹护卫舰，计划建造12艘，首舰于2007年开始服役。

排名依据

"守护"级护卫舰的适航性较强，可以在5级海况下有效使用舰载武器，而俄罗斯其他同等排水量的水面舰艇只能在3级海况下进行这些操作。这点对搭载直升机的舰艇尤为重要，因此"守护"级护卫舰也成为俄罗斯类似吨位舰艇中首次配备直升机机库和起降平台的舰只。

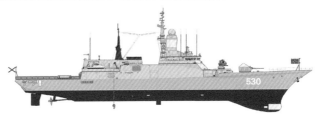

"守护"级护卫舰结构图

建造历程

20世纪90年代以来，俄罗斯已经没有全新的大型舰艇提案，就连维持苏联时代建造的一些大型远洋舰艇，其经费都捉襟见肘。直到21世纪初，俄罗斯才开始新一代护卫舰"守护"级的建造。首舰于2006年5月16日下水，2006 年 11 月 10 日海试，2007 年 11 月开始服役。截至 2020 年 10 月，已有 6 艘"守护"级护卫舰入役。

"守护"级护卫舰在近海航行

舰体构造

　　"守护"级护卫舰拥有与 21 世纪初期数种西方先进舰艇相似的雷达隐身外形，封闭式的上层结构简洁精练并向内倾斜，采用封闭式主桅杆，可有效减少雷达散射截面积。此外，"守护"级护卫舰在降低红外线信号方面也下了不少功夫。该级舰的舰体由钢材制造，上层设施使用由玻璃纤维及碳纤维组成的难燃型多层夹芯复合材料，采用先进的整体式浇注工艺，整个上层设施一体成型，不仅重量轻，还具有高强度、低雷达波反射，低红外、抗腐蚀等优势。

侧前方视角

🔳▷ 战斗性能

　　"守护"级护卫舰装有1门AK-190型100毫米自动舰炮，1座"卡什坦"近程防御武器系统，2门AK-630型30毫米舰炮。在反舰导弹方面，"守护"级护卫舰装有3座四联装"鲁道特"导弹垂直发射系统，可以发射SS-N-25"冥王星"或SS-N-27"俱乐部"反舰导弹。该舰还有2座四联装330毫米鱼雷发射管，分置于两舷的舱门内。舰尾设有1个直升机库与飞行甲板，能搭载1架Ka-27反潜直升机。

侧后方视角

趣 闻 逸 事

　　已建成的"守护"级护卫舰全部采用全柴油机推进，俄罗斯打算在后续建造的"守护"级护卫舰上使用复合燃气涡轮与柴油机动力系统。苏联解体后，原本负责生产水面舰艇燃气轮机的企业位于乌克兰境内，导致俄罗斯海军舰艇的主机受制于乌克兰的窘况。为了解决这个问题，俄罗斯在圣彼得堡设立了船舰涡轮主机科研中心，并开始发展M-75系列燃气涡轮。

港口中的"守护"级护卫舰

"佩里"级护卫舰

"佩里"级护卫舰是美国于 20 世纪 70 年代研制的导弹护卫舰，一共建造了 71 艘，其中美国海军装备的 51 艘已经全部退役。

排名依据

"佩里"级护卫舰是美国海军中一级性能适中的通用护卫舰，具有较强的搜索、攻击飞机、舰艇或反舰导弹的能力。尽管它的作战性能不如某些高性能舰艇，但因其价格适中而获得大批量建造，不仅大量服役于美国海军，其他国家也通过授权建造或购买退役舰只的方式获得了相当数量的"佩里"级护卫舰。在美国海军服役的"佩里"级护卫舰参与了美国近几十年来大多数重要军事行动，经过多次实战的检验。

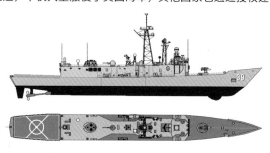

"佩里"级护卫舰结构图

建造历程

20 世纪 70 年代，由于美国海军装备的各类战斗舰艇老化严重，急需一大批新舰来替换。因此，美国海军开始制订新舰制造计划，并实行"高低档舰艇结合"的造舰政策。在大量建造高档舰艇的同时，也建造了一些注重性价比的中小型军舰，"佩里"级护卫舰就是其中之一。该级舰在 1975 年至 2004 年间一共建造了 71 艘，其中美国海军装备了 51 艘，澳大利亚和西班牙等国海军一共装备了 20 艘。截至 2020 年 10 月，美国海军装备的"佩里"级护卫舰已经全部退役，部分退役舰只被出售给土耳其、波兰、巴基斯坦、埃及、泰国和墨西哥等国。

侧前方视角

俯瞰"佩里"级护卫舰

 舰体构造

　　"佩里"级护卫舰的上层建筑比较庞大，四周只设少量水密门，形成一个封闭的整体，以便为舰员和设备提供更多的空间。这样的上层建筑有利于改善居住条件和增强适航性。与同时期各国水面舰艇相同，"佩里"级护卫舰的上层结构由铝合金制造。虽然这种材料拥有重量轻、延展性好的优点，但有着燃点低的致命缺陷。除了耐火性差之外，这类采用钢质舰体与铝合金上层结构的舰艇在长年操作使用后，结构强度方面容易出现问题。

"佩里"级护卫舰侧面视角

▌▌▌➤ ★ 战斗性能

　　"佩里"级护卫舰具备点防空能力，还可搭载 2 架反潜直升机与拖曳阵列声呐设备，肩负反潜作战、保护两栖部队登陆、护送舰队等任务。该级舰的主要武器包括：1 座单臂 Mk 13 型导弹发射装置，发射"标准"导弹用于防空或"鱼叉"导弹用于反舰；1 门单管 Mk 75-0 型 76 毫米舰炮，用于中近程防空、反舰；2 座"密集阵"近程防御武器系统，用于近程防空；2 座六管 Mk 36"萨布洛克"干扰火箭；2 座三联装 Mk 32 型鱼雷发射管，发射 Mk 46-5 或 Mk 50 鱼雷用于反潜；1 套 SQ-25"水精"鱼雷诱饵，用于反潜。

侧后方视角

趣 闻 逸 事

　　"佩里"级护卫舰得名于美国海军英雄少校奥利弗·佩里，他在 1812 年第二次美英战争中抵御英国军队并促使美国军队在伊利湖战役中取得决定性的胜利，从而赢得"伊利湖的英雄"的美誉。奥利弗·佩里的弟弟是同样投身于美国海军的马休·佩里，他在 19 世纪中叶率领几艘近代化蒸汽铁甲军舰直抵东京湾，敲开了日本德川幕府长年锁国的大门，日本人称之为"黑船事件"。

"什瓦里克"级护卫舰

"什瓦里克"级护卫舰是印度设计并建造的大型多用途护卫舰，共建造了3艘，截至2020年10月仍全部在役。

排名依据

"什瓦里克"级护卫舰是以俄制"塔尔瓦"级护卫舰的改进型，舰上约有70%的装备为印度自制，其中有许多是国外转移技术并授权印度厂商生产。该级舰汇集多国一流技术，就整体性能而言有许多先进之处，不过也有部分设计略显过时，最主要的就是没有采用垂直发射防空导弹系统，仍以20世纪80年代的单臂防空导弹发射装置发射中远程防空导弹。

"什瓦里克"级护卫舰结构图

建造历程

为了替换20世纪70年代陆续服役的5艘"尼尔吉里"级护卫舰（英国授权印度建造的12型护卫舰），印度一方面在1997年向俄罗斯采购3艘"塔尔瓦"级护卫舰，另一方面在制订新的造舰计划，即"什瓦里克"级护卫舰。印度国会在1997年批准首批3艘"什瓦里克"级护卫舰的建造计划，1998年2月将需求意向书交给马扎冈造船厂，合约总金额约17亿美元。

由于印度海军在开工前夕又变更了若干设计，以及建造所需的俄制D-40S钢材延迟到货，所以首舰"什瓦里克"号延迟至2001年7月才安放龙骨，2003年4月下水，2009年2月开始海试，2010年4月正式服役。

二号舰"萨特普拉"号于2002年10月安放龙骨，2004年6月下水，2011年8月服役。三号舰"萨雅德里"号于2003年9月安放龙骨，2005年5月下水，2012年7月21日开始服役。

港口中的"什瓦里克"级护卫舰

舰体构造

"什瓦里克"级护卫舰的基本设计原理源于"塔尔瓦"级护卫舰，两者的舰体构型与布局十分相似，但"什瓦里克"级护卫舰的尺寸比"塔尔瓦"级护卫舰增加了不少，长度增加了17米，满载排水量高达6200吨，已经达到了驱逐舰的水平。"什瓦里克"级护卫舰的上层结构造型比"塔尔瓦"级护卫舰更加简洁，开放式舰尾被改为封闭式，舰载小艇隐藏于舰体中段的舱门内，此外还采用了隐身性更高的塔式桅杆与烟囱结构。

俯瞰"什瓦里克"级护卫舰

前方视角

⬛⬛⬛▶ ★ 战斗性能

　　"什瓦里克"级护卫舰以复合燃气涡轮与柴油机（CODAG）取代了"塔尔瓦"级护卫舰的复合燃气涡轮或燃气涡轮（COGOG），在巡航时以较省油的柴油机驱动，高速时改用燃气涡轮提供动力，故拥有较佳的燃油消耗表现。武器方面，"什瓦里克"级护卫舰的多数舰载武器系统与"塔尔瓦"级护卫舰相同，主要区别在于舰炮与近程防御武器系统。舰载直升机方面，"什瓦里克"级护卫舰的机库结构经过扩大，能容纳 2 架反潜直升机，比"塔尔瓦"级护卫舰多 1 架。

⬛⬛⬛▶ ★ 趣闻逸事

　　"什瓦里克"级各舰均以山脉命名，首舰得名于西藏高原南麓的山脉——什瓦里克，也称为外喜马拉雅山脉，主要延伸在印度与尼泊尔的交界处；二号舰得名于印度德干半岛西北部的山脉——萨特普拉，东西长约 950 千米。

"什瓦里克"级护卫舰（前方）与美国海军"阿利·伯克"级驱逐舰（后方）
编队航行

"勃兰登堡"级护卫舰

　　"勃兰登堡"级护卫舰是德国于 20 世纪 90 年代建造的多用途导弹护卫舰，共建造了 4 艘，截至 2020 年 10 月仍全部在役。

排名依据

　　虽然"勃兰登堡"级护卫舰是因急迫需求而快速完成的产物，但是德国拥有优良的造船技术，外加先前 MEKO 系列模块化设计已经获得充分验证，使"勃兰登堡"级不仅性能精良，而且在整体设计上相当成功。该级舰是德国海军第一种正式采用由美国、德国合作开发的新一代 Mk 31 Block 0"拉姆"短程防空导弹系统的舰艇。这种导弹的接战作业为全自动，性能极佳，可有效应付迂回航行的超音速掠海反舰导弹。

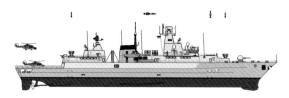

"勃兰登堡"级护卫舰结构图

建造历程

　　20 世纪 90 年代初，德国汉堡勃姆沃斯造船厂借鉴此前 NFR-90 护卫舰（北约 90 年代护卫舰替代计划）和德国海军"不来梅"级护卫舰的造舰经验，借助先进的模块化技术，研发出一种在实用性方面表现更加突出的改进型护卫舰，即"勃兰登堡"级护卫舰。该级舰共建造了 4 艘，首舰于 1994 年 10 月开始服役，四号舰于 1996年 12 月开始服役。

三号舰"拜仁"号

舰体构造

　　"勃兰登堡"级护卫舰采用模块化设计，武器装备和电子设备都使用标准尺寸和接口的功能模块，同型的功能模块可以互换，具有高度的灵活性和适应性，也使战舰的改装和维修简便易行，并大大降低总采购费用和日常维修费用。该级舰为钢质构造，能提供更大空间，容纳更多的舰员。

二号舰"石勒苏益格 - 荷尔斯泰因"号

战斗性能

　　"勃兰登堡"级护卫舰在设计上借助先进的模块化技术，在实用性方面表现更加突出，主要致力于反潜作战，同时可受命执行防空和水面作战等多种任务。该级舰的主要武器包括：2 座双联装"飞鱼"MM38 型反舰导弹发射装置、1 门奥托·梅莱拉 76 毫米舰炮、1 座十六联装 Mk 41

型导弹垂直发射装置（发射"海麻雀"防空导弹）、2座二十一联装 Mk 49"拉姆"舰对空导弹发射装置、2座双联装 Mk 32 型鱼雷发射管（发射 Mk 46 Mod 2 型鱼雷）。此外，该级舰还可搭载 2 架"超山猫"Mk 88 型反潜直升机。

港口中的首舰"勃兰登堡"号

趣闻逸事

"勃兰登堡"级护卫舰采用地名命名法，得名于德国东部的勃兰登堡州，该州是德国 16 个州之一，约有 260 万人口，地理面积为 29479 平方千米。勃兰登堡州地面平坦，境内有许多湖泊，重要的河流有施普雷河和波兰边境的奥得河。

四号舰"梅克伦堡 - 前波莫瑞"号

TOP 8 "公爵"级护卫舰

"公爵"级护卫舰是英国于 20 世纪 80 年代研制的导弹护卫舰，也称为 23 型护卫舰，共建造了 16 艘，从 1987 年服役至今。

排名依据

　　"公爵"级护卫舰在设计阶段虽然被定位为廉价的反潜护卫舰，但在设计阶段逐步扩充，演变成一种多功能舰艇，除了具备优异的反潜能力之外，防空能力也相当出色。因此，在冷战结束后北约各国作战需求巨变的情况下，"公爵"级护卫舰仍能成为英国海军倚重的多功能舰艇，伴随着英国海军特遣部队在广大冲突地区出没。

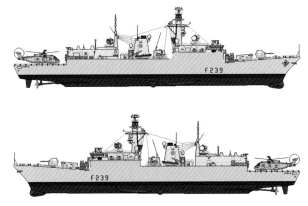

"公爵"级护卫舰结构图

建造历程

　　"公爵"级护卫舰最初设计用于替代"利安德"级护卫舰，承担深海反潜任务。随着冷战的结束，并吸取马岛战争的教训，英国海军要求"公爵"级护卫舰更多地承担支援联合远征作战、投送海上力量等任务，最终形成了一型反潜能力突出，并兼具防空、反舰和火力支援能力的护卫舰。该级舰共建造了16艘，截至2020年10月仍有13艘在英国海军服役，其他3艘在退役后被智利海军购买。

"公爵"级护卫舰在大洋中航行

舰体构造

  "公爵"级护卫舰生存能力较强，消防和通风等方面的设计比较先进，全舰分为 5 个独立的消防区，使用燃烧时不产生有害气体的舾装材料，指挥室和操纵室等重要区域设置了多种防护功能。该级舰的隐身性能也比较出色，通过各种措施将噪声、雷达反射、红外信号等大幅降低。由于大量采用了自动化装置，"公爵"级护卫舰所需的舰员人数大大减少，因此每名士兵都拥有充分的居住面积。

战斗性能

  "公爵"级护卫舰的主要武器包括：2 座四联装"鱼叉"反舰导弹发射装置、1 座三十二联装"海狼"舰对空导弹垂直发射装置、1 门 Mk 8 型 114 毫米舰炮、2 门 30 毫米舰炮、2 座双联装 324 毫米鱼雷发射管。其中，"海狼"舰对空导弹使用指挥至瞄准线（CLOS）方式导引，先由搜索雷达侦获目标位置，再由计算机将火控雷达对准目标并发射导弹接战。火控雷达同时追踪来袭目标与"海狼"导弹，将资料传至火控计算机计算两者的相位差，对"海狼"导弹发出航向修正的指令，指挥导弹攻击火控雷达与目标之间的瞄准线，直到命中目标。

高速航行的"公爵"级护卫舰

趣闻逸事

最初英国海军只打算让"公爵"级护卫舰服役 18 年，服役期间不进行任何大规模更新或翻修，但由于"公爵"级护卫舰的后继者——26 型护卫舰一再推迟，故英国海军只好将"公爵"级护卫舰的服役期延长为 22 年，并从 2005 年起陆续开展翻修与改良作业。英国海军剩下的 13 艘"公爵"级护卫舰预计要效力至 2020 年以后才会有新一代舰艇接替，2036 前后右才能全数退役。

前方视角

7 TOP "不惧"级护卫舰

"不惧"级护卫舰是苏联于 20 世纪 80 年代中期开始建造的护卫舰，一共建成了 2 艘，截至 2020 年 10 月全部在俄罗斯海军服役。

排名依据

"不惧"级护卫舰是一种全能型舰队护卫舰，不仅拥有强大的反潜能力，也有足够的对空监视与防空自卫作战能力。在 20 世纪 80 年代末和 90 年代初，配备了导弹垂直发射系统的"不惧"级护卫舰是当时世界上作战性能最为出色的一种护卫舰。

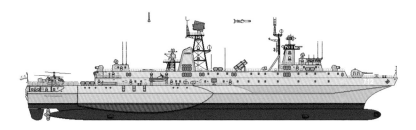

"不惧"级护卫舰结构图

建造历程

　　"不惧"级护卫舰的设计目的是用来替换数量众多的"克里瓦克"级护卫舰，于1986年开始建造。苏联解体后，该级舰的建造计划受到了极大的影响，原定首批建造3艘的计划在完成首舰"不惧"号后就停止了后续舰的建造。1993年1月，"不惧"号进入俄罗斯海军服役。俄罗斯经济状况好转后，1988年开工的二号舰"智者雅罗斯拉夫"号才得以继续建造，并于2009年开始服役。三号舰"吐曼"号于1990年开工，后取消建造。

二号舰"智者雅罗斯拉夫"号

"智者雅罗斯拉夫"号侧面视角

▶ 舰体构造

　　"不惧"级护卫舰采用长甲板构型，体型比"克里瓦克"级护卫舰更大，以提高适航性以及燃油、武器装载量。上层结构采用倾斜式表面，可减少雷达散射截面。烟囱内设有高效的强制冷却装置，可将排出的废气温度降低40%，从而能有效减少红外辐射量。

侧面视角

▶ 战斗性能

　　"不惧"级护卫舰拥有强大的舰载武备，舰首设有1门AK-100型100毫米舰炮，射速达50发/分，射程为20千米，弹药库内备弹350发。此外，舰体中段装有4座四联装SS-N-25"弹簧刀"反舰导弹发射装置。防空方面，该级舰设有4座八联装3S-95转轮式垂直发射系统，可装填32枚SA-N-9"铁手套"短程防空导弹。"不惧"级护卫舰还装备了2座"卡什坦"近程防御武器系统，分别设于机库两侧。

侧后方视角

侧前方视角

趣闻逸事

受地理条件的限制，苏联各舰队被彼此分割，互相支援必须远涉重洋，因此苏联海军舰艇呈现两极分化的格局，一种是较大的主力舰艇，用于远洋机动作战；另一种就是轻型舰艇，用于近海防御。这种兵力配置的优点就是可以集中相对有限的资源在远洋作战舰艇方面；但缺点就是作战能力的灵活性欠佳，尤其是在一些中低强度的战争及局部战争中，就会出现动用大型舰艇效费比过低，而动用轻型舰艇又力不从心的现象。因此，苏联从 20 世纪 80 年代起逐渐加大了护卫舰吨位，"不惧"级护卫舰就是这种背景下的产物。

TOP 6 欧洲多用途护卫舰

欧洲多用途护卫舰（FREMM）是法国和意大利联合研制的新一代多用途护卫舰，不仅装备了法国海军和意大利海军，还出口到了埃及和摩洛哥等国。

排名依据

欧洲多用途护卫舰是世界新锐护卫舰的代表作之一，也是国际国防合作项目的范例之一。它的建造过程大量借鉴"拉斐特"级护卫舰与"地平线"级驱逐舰的开发经验，舰上所有的装备都沿用现成品并做到了最佳利用。该级舰配备相控阵雷达，"阿斯特"防空导弹装置，具备区域防空能力。

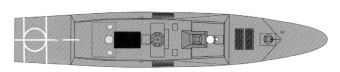

欧洲多用途护卫舰结构图

建造历程

FREMM 是法国与意大利继"地平线"级驱逐舰之后再次合作研发的新一代护卫舰，主要用于替换两国海军中老化的舰艇，包括法国"乔治·莱格"级驱逐舰和意大利"西北风"级护卫舰等。法国海军原计划建造 17 艘，其中 9 艘对陆攻击型，8 艘反潜型。之后，为了节省财政支出，法国海军取消了 9 艘建造计划。意大利海军计划建造 10 艘，包括 6 艘通用型和 4 艘反潜型。此外，埃及和摩洛哥各进口了 1 艘。

意大利版首舰"卡洛·贝尔加米尼"号

舰体构造

FREMM 的设计注重隐身能力，其中又以法国版的隐身外形较为前卫，上层结构与塔状桅杆采用倾斜设计方式（7°至 11°）并避免直角，舰面力求简洁，各项甲板装备尽量隐藏于舰体内，将封闭式的上层结构与船舷融为一体，舰体外部涂有雷达吸收涂料。意大利版的外形则比较接近"地平线"级。

俯瞰法国版首舰"阿基坦"号

▌▌▌▷ 战斗性能

在主炮方面，法国版配备 1 门超快速型奥托·梅莱拉 76 毫米舰炮，射速达 120 发 / 分，日后可能换装威力射程更大的 127 毫米主炮。而意大利版反潜型则配备了 2 门奥托·梅莱拉 76 毫米舰炮。小口径武器方面，法国版配备 3 门 20 毫米机炮，意大利版则配备 2 门 25 毫米机炮。FREMM 最主要的武器投送系统是法制"席尔瓦"导弹垂直发射系统，不同的 FREMM 衍生型依照任务来配置"席尔瓦"发射系统的形式与数量，FREMM 舰首 B 炮位的空间足以容纳 4 座八联装"席尔瓦"导弹垂直发射系统。反舰导弹方面，法国版配备 2 座四联装"飞鱼"MM40 反舰导弹发射系统，意大利版则配备 4 座双联装"泰塞奥"Mk 2/A 导弹发射系统。反潜方面，意大利两种 FREMM 以及法国版反潜型都配备 2 座三联装 324 毫米鱼雷发射装置。舰载机方面，法国版只配备 1 架 NH-90 直升机，意大利版则配备 2 架 NH-90 直升机。

法国版首舰"阿基坦"号

法国版首舰"阿基坦"号又称为"阿基坦"级，意大利版首舰"卡洛·贝尔加米尼"号又称为"卡洛·贝尔加米尼"级。"阿基坦"是法国西南部一个大区的名称，西邻大西洋，南接西班牙。"卡洛·贝尔加米尼"号则得名于意大利海军上将卡洛·贝尔加米尼。

意大利版二号舰"维尔吉尼奥·法桑"号

"阿尔瓦罗·巴赞"级护卫舰

"阿尔瓦罗·巴赞"级护卫舰是西班牙研制的"宙斯盾"护卫舰，又称 F-100 型护卫舰，共建造了 5 艘，截至 2020 年 10 月仍全部在役。

排名依据

"阿尔瓦罗·巴赞"级护卫舰是世界上第一种安装美制"宙斯盾"系统的护卫舰，单从防空能力来讲，它是欧洲性能最强的防空型护卫舰，具有区域反导侦测能力。西班牙海军声称，该级舰的造价仅为美国"阿利·伯克"级驱逐舰的一半，却拥有与其"几乎完全相同"的能力，两者最大的区别是目前"阿尔瓦罗·巴赞"级护卫舰不能发射"战斧"巡航导弹。

"阿尔瓦罗·巴赞"级护卫舰结构图

建造历程

20 世纪 90 年代，美国为了抢占军火市场份额，宣布向北约国家出口其最先进的舰载"宙斯盾"防空系统。西班牙于 1995 年 6 月决定退出与荷兰、德国合作的"三国护卫舰计划"，转而采用美制"宙斯盾"系统。于是，西班牙成为继日本之后第二个获得美国"宙斯盾"系统的国家。"阿尔瓦罗·巴赞"级护卫舰共建造了 5 艘，首舰于 2002 年开始服役，五号舰于 2012 年开始服役。

四号舰"门德斯·努涅斯"号

舰体构造

"阿尔瓦罗·巴赞"级护卫舰采用模块化设计，全舰由 27 个模块组成。甲板为 4 层，从上到下依次为主甲板、第二层甲板、第一层甲板和压载舱。为了增强防火能力，舰体被主舱壁隔离成多个垂直的防火区，防火区之间的间隔少于 40 米。为保证抗沉性，舰上还建有 13 个横向防水舱壁。

"阿尔瓦罗·巴赞"级护卫舰

战斗性能

　　"阿尔瓦罗·巴赞"级护卫舰的单舰防空能力较强，具有区域性对空防御以及反弹道导弹的侦测能力。该级舰的主要武器包括：1 座四十八联装 Mk 41 型导弹垂直发射系统，发射"标准"导弹或改进型"海麻雀"导弹；1 门 Mk 45 Mod 2 型 127 毫米舰炮，用于防空、反舰；2 座四联装"鱼叉"反舰导弹发射装置，用于反舰；2 座双联装 Mk 32 型鱼雷发射装置，发射 Mk 46 Mod 5 轻型鱼雷；2 门 20 毫米机炮。

"阿尔瓦罗·巴赞"级护卫舰编队作战

趣 闻 逸 事

海军人员在西班牙被视为高级专业人士,他们所享受的待遇也非同一般,因此"阿尔瓦罗·巴赞"级护卫舰的居住标准相当高,其内部装修全部采用标准化的金属家具,达到了高级酒店的标准。舰上还装备了现代化的厨房设施,可供全体舰员尽情展示各自的厨艺。食品室、碗碟储藏室、洗衣房、理发室、邮局、存储室、办公室、医务室等应有尽有。

"阿尔瓦罗·巴赞"级护卫舰（下）与美军航空母舰（上）
并排航行

电子设备

"阿尔瓦罗·巴赞"级护卫舰采用与"阿利·伯克"级驱逐舰相同的AN/SPY-1D 相控阵雷达,但是只有 2 部 SPG-62 照射雷达,故同步对空接战量（一次接战 9 ~ 10 个目标）不如后者（同时接战 16 ~ 18 个目标）。由于"阿尔瓦罗·巴赞"级护卫舰的吨位较小,所以 AN/SPY-1D 雷达的安装方式有所变动。

"阿尔瓦罗·巴赞"级护卫舰的"宙斯盾"系统除了美国原装的相关装备之外,还整合了许多西班牙选择的系统,包括美国雷神公司的 DE-1160LF 舰首声呐、西班牙国产的 DORNA 复合式雷达 / 光电舰炮火控系统（包含 Ku 频段火控雷达、激光测距仪、电视摄影机、红外线热影像仪）、DLT-309 反潜火控系统、西班牙自制的电战装备等。此外,该级舰还装备了包括西班牙因达尔集团的 SQL-380 电子支援系统、MK-9000 电子对抗系统以及 4 座美制 Mk 36 干扰弹发射器。

"阿尔瓦罗·巴赞"级护卫舰雷达特写

▌▌▌★ 实战掠影

2017 年 10 月，在北约"无畏之盾 2017"演习中，美国"库克"号驱逐舰、荷兰"特朗普"号护卫舰与西班牙"阿尔瓦罗·巴赞"号护卫舰于 10 月 15 日同步发射"标准 3"导弹、RIM-162 改进型"海麻雀"导弹拦截靶弹，首次借由以水面舰作为防空单位的方式验证"巧防御"概念。

2018 年 8 月，西班牙、美国签署谅解备忘录，文件内容写道，"门德斯·努涅斯"号护卫舰将加入"林肯"号航空母舰编队，加强彼此海军的交流与作业共通性。2019 年 1 月，"门德斯·努涅斯"号为融入美军作战体系，在诺福克海军基地与"林肯"号进行混合训练。

2019 年 6 月，"胡安·德博尔冯"号与"克里斯托弗·哥伦布"号参加北约波罗的海行动演习。

"阿尔瓦罗·巴赞"级护卫舰的 127 毫米舰炮

"阿尔瓦罗·巴赞"级护卫舰的"鱼叉"反舰导弹发射装置

同级概览

舷号	舰名	开工时间	下水时间	服役时间
F-101	"阿尔瓦罗·巴赞"号	1999年6月	2000年10月	2002年9月
F-102	"胡安·德博尔冯"号	2000年10月	2002年2月	2003年12月
F-103	"布拉斯·莱索"号	2002年2月	2003年5月	2004年12月
F-104	"门德斯·努涅斯"号	2003年5月	2004年11月	2006年3月
F-105	"克里斯托弗·哥伦布"号	2007年6月	2010年11月	2012年10月

"阿尔瓦罗·巴赞"号护卫舰

"克里斯托弗·哥伦布"号护卫舰

"阿尔瓦罗·巴赞"级护卫舰在近海航行

"萨克森"级护卫舰

"萨克森"级护卫舰是德国于 1999 年开始建造的导弹护卫舰，又称为 F124 型护卫舰，一共建造了 3 艘，截至 2020 年 10 月仍全部在役。

排名依据

　　"萨克森"级护卫舰是德国海军目前排水量最大的水面舰艇，也是德国海军第一艘采用模块化方式设计的舰艇。由于充分采用了先进的计算机控制技术，"萨克森"级护卫舰是名副其实的"数字化"战舰。该级舰有先进的整合损害管制监控网络，具有在核生化环境下作战的能力。

"萨克森"级护卫舰结构图

建造历程

　　"萨克森"级护卫舰被德国海军用来取代在 20 世纪 60 年代向美国购买的 3 艘"吕特延斯"级驱逐舰。该级舰原计划建造 4 艘，有 1 艘取消建造。首舰"萨克森"号在 1996 年 3 月 14 日签订建造合同，2002 年 10 月建成，2003 年 12 月正式服役。二号舰"汉堡"号于 2000 年 9 月开工，2002 年

8月下水，2004年12月开始服役。三号舰"黑森"号于2001年12月开工，2003年7月下水，2006年4月开始服役。

港口中的"萨克森"级护卫舰

▌▌▌▶ 舰体构造

　　"萨克森"级护卫舰的舰体发展自"勃兰登堡"级护卫舰，两者的基本设计极为类似，但"萨克森"级护卫舰的舰体长度相比后者更长，最重要的是引进各种隐身设计，外形更为简洁且刻意做出倾斜造型，舰体大量使用隐身材料与涂料。"萨克森"级护卫舰的上层结构与舰体都以钢材制造，舰身分为6个双层水密隔舱，中间则为一些单层水密隔舱。

"萨克森"级护卫舰正面视角

"萨克森"级护卫舰侧面视角

▌▌▌▶ 战斗性能

　　由于装备了性能一流的APAR主动相控阵雷达，"萨克森"级护卫舰的防空作战性能尤其突出。该级舰的主要武器包括：1门76毫米舰炮、2

门 27 毫米舰炮、4 座八联装 Mk 41 型导弹垂直发射装置（发射"海麻雀"导弹或"标准"导弹）、2 座四联装"鱼叉"反舰导弹发射装置、2 座 RIM-116B"拉姆"舰对空导弹发射装置、2 座三联装 MU90 鱼雷发射管。此外，

该级舰还可搭载 2 架 NH90 直升机。

"萨克森"级护卫舰在六级海况下仍能执行作战任务，在八级海况下仍可航行，摇晃与起伏幅度比同吨位的舰艇小很多。

"萨克森"级护卫舰发射导弹

趣 闻 逸 事

2002 年 12 月，为了验证陆基大口径火炮在舰上操作以强化舰艇对陆攻击能力的可行性，德国海军将 PzH-2000 自行榴弹炮的炮塔略加修改安装在海试中的"汉堡"号上，并在 2005 年 9 月将 1 辆完整的 PzH-2000 自行榴弹炮直接固定在"黑森"号的直升机甲板上，整个实验被称为"模块化海军火炮概念"。不过，德国海军最终放弃了这一计划，改为以意大利奥托·梅莱拉 127 毫米 64 倍径舰炮作为替代方案。

首舰"萨克森"号左舷视角

电子设备

"萨克森"级护卫舰配备的 SEWACO 11 作战系统是德国海军第一种全分散式作战系统，总共使用了 150 个中央处理器，能同时提供 200 亿位

元的计算容量，并通过多余度 ATM 技术光纤舰内网络与舰上各侦测、武器系统连结。"萨克森"级护卫舰的电子战系统包括 FL-1800S-II 电子对抗系统与 CESM 电子支援系统，能侦测与辨认可能的威胁，并自动进行对敌方导弹等雷达寻标器的对抗，同时指挥舰上 6 座 Mk 36 干扰弹发射器投掷诱饵。

"萨克森"级护卫舰拥有先进的航行装备，包括 2 部 9600M 搜索雷达、2 部卫星导航系统、2 部惯性导航系统、1 套电子海图系统以及卫星气象系统等。舰上的光电系统是 MSP-500 光电侦测 / 舰炮射控系统，整合有红外线热影像仪、电视摄影机与激光测距仪。舰上的通信系统分为舰内与舰外两部分，都是数字化系统，包括 UHF 与 SHF 卫星通信设备、IMUS 整合信息处理控制系统、FONCON 32 数字加密通信系统等。

"萨克森"级护卫舰的封闭式主炮特写

实战掠影

2002 年 12 月，为验证陆基大口径火炮舰上操作的可行性，德国霍瓦特·德意志造船公司与莱茵金属公司合作，将 PzH-2000 自行榴弹炮的炮塔略加修改，安装在海试中的"汉堡"号护卫舰上。2005 年 9 月，1 辆完整的 PzH-2000 自行榴弹炮被直接固定在"黑森"号护卫舰的直升机甲板上，整个实验被称为"模块化海军火炮概念"（MONARC）。该实验持续 5 年之久，其间进行了一系列海上对岸射击、打击移动目标等试验。但在 2007 年，德国放弃了这项计划。

2004 年 8 月，"萨克森"号护卫舰前往美国海军圣迭戈木古角的导弹测试场，进行为期 4 个月的导弹实战演习，过程中发射了"标准 2"以及改进型"海麻雀"防空导弹的实弹。

高速航行的"汉堡"号护卫舰

"汉堡"号护卫舰（左一）与美国海军舰艇

▌▌▌▷ 同级概览

舷号	舰名	开工时间	下水时间	服役时间
F219	"萨克森"号	1999 年 2 月	2002 年 10 月	2003 年 12 月
F220	"汉堡"号	2000 年 9 月	2002 年 8 月	2004 年 12 月
F221	"黑森"号	2001 年 9 月	2003 年 7 月	2006 年 4 月

"萨克森"号护卫舰

"汉堡"号护卫舰

高速航行的"萨克森"级护卫舰

"戈尔什科夫"级护卫舰

"戈尔什科夫"级护卫舰是俄罗斯海军最新型的导弹护卫舰，也被称为 22350 型护卫舰，由位于圣彼得堡的北方设计局设计，并交由北方造船厂建造。

排名依据

"戈尔什科夫"级护卫舰整合了俄罗斯现有的各种先进技术和装备，综合作战能力较强，不逊于其他欧洲国家在 21 世纪初期陆续服役的几种新型中型防空舰艇。"戈尔什科夫"级护卫舰堪称苏联解体后俄罗斯海军的最高造舰成就之一，印证了俄罗斯国防工业的可观增长速度。

"戈尔什科夫"级护卫舰结构图

建造历程

2003 年 7 月，俄罗斯海军正式公布 22350 型护卫舰项目，并交由位于圣彼得堡的北方设计局负责设计工作。俄罗斯海军对 22350 型护卫舰十分重视，因为这种舰艇是俄罗斯在苏联解体后，第一种自主设计、开工建造的主力水面作战舰艇。虽然俄罗斯海军在苏联解体后仍继续建造了若干大型舰艇，但完全是继续对苏联时代遗留的未成品进行加工。

俄罗斯海军计划建造 8 艘"戈尔什科夫"级护卫舰，首舰"戈尔什科夫"号于 2006 年 2 月在北方造船厂安放龙骨，当时计划在 2009 年完工，2010 年交付使用。不过，由于预算短缺，该舰的建造进度大为落后，直到 2010 年 10 月才下水，2016 年 11 月开始服役；二号舰于 2009 年 11 月开工建造，2014 年 12 月下水，2020 年 7 月开始服役；三号舰于 2012 年 2 月开工建造，2020 年 5 月下水，预计 2021 年开始服役；四号舰于 2013 年 11 月开工建造，预计 2022 年开始服役；五号舰至八号舰目前均已开工建造。

首舰"戈尔什科夫"号

▎▎▎▷ 舰体构造

"戈尔什科夫"级护卫舰舰体设计新颖简洁，隐身程度相当高。采用单烟囱设计，只配置一个大型的封闭式塔状桅杆，桅杆上部整合四面固定式相控阵雷达天线。除了相控阵雷达之外，主桅杆顶部有 1 座采用平板状三维阵列天线的旋转雷达。舰桥顶部有 1 个大型球状天线罩，为具备超地平线侦测能力的主 / 被动反舰追踪与火控雷达。此外，主桅杆前方中部有 1 座 5P-10E 整合光电/雷达火控系统，用来制导舰炮。主桅杆两侧各伸出 3 三个平台，容纳了 3 种不同的电子战设备。

侧前方视角

▎▎▎▷ 战斗性能

"戈尔什科夫"级护卫舰的舰首有 1 门 A-192M 型 130 毫米舰炮，

舰炮后方设有 4 座八联装 3K96 防空导弹垂直发射系统，可发射 9M96、9M96D 或 9M100 等多种防空导弹。防空导弹后方是高出一层甲板的 B 炮位（舰桥前方），装有 2 座八联装 3R14 通用垂直发射系统，可发射 P-800 超音速反舰导弹、3M-54 亚 / 超双速反舰型导弹、3M-14 对陆攻击型导弹、91RT 超音速反潜型导弹等武器。直升机库两侧各有 1 座"佩刀"近程防御武器系统，配备 2 门 AO-18KD 型 30 毫米机炮与 8 枚 9M340E 防空导弹，有效防御距离约 4 千米，有效防御高度约 3 千米。此外，该级舰还配有 2 座四联装 330 毫米鱼雷发射器，舰尾可搭载 1 架 Ka-27 反潜直升机。

侧面视角

趣 闻 逸 事

　　"戈尔什科夫"级护卫舰以堪称苏联时代最具代表性的海军司令戈尔什科夫的名字命名，他在二战中历任舰队司令、新罗西斯克防御区副司令、陆军第 47 集团军代理司令、第 56 集团军司令，海军多瑙河区舰队司令、黑海舰队分舰队司令等职务，参加了许多战役。二战后，历任黑海舰队参谋长、黑海舰队司令、海军第一副总司令等职务，1956 年任国防部副部长兼海军总司令。

港口中的"戈尔什科夫"级护卫舰

▒▒▶ 电子设备

"戈尔什科夫"级护卫舰采用1个先进的封闭式主桅杆，桅杆上部整合四面固定式相控阵雷达天线，这是俄罗斯最新开发的多功能防空相控阵雷达，采用C波段操作，最多能同时追踪400个空中目标与50个水面目标。除了相控阵雷达之外，主桅杆顶部还有1部采用平板状三维阵列天线的旋转雷达。舰桥顶部有1个大型球状天线罩，是具备超地平线侦测能力的主/被动反舰追踪与火控雷达。此外，封闭式主桅杆前部高度一半处，设有1部5P-10E整合光电/雷达火控系统，用来制导舰炮。

"戈尔什科夫"级护卫舰配置"黎明3"整合声呐系统，配备俄罗斯新开发的"光晕EM"主/被动拖曳阵列声呐，在浅海环境下对潜艇探测距离达30千米，在深海中的侦测距离约为60千米，对水面舰艇侦测距离超过100千米，能侦测30千米以内接近中的鱼雷，并具有自动追踪目标的能力。

港口中的"戈尔什科夫"级护卫舰

"戈尔什科夫"级护卫舰尾部视角

高速航行的"戈尔什科夫"级护卫舰

实战掠影

　　2019 年 4 月 23 日，庆祝中国人民解放军海军成立 70 周年海上阅兵活动在青岛附近海空域举行。俄罗斯海军"戈尔什科夫"号护卫舰参加受阅。

"戈尔什科夫"级护卫舰左舷前方视角

"戈尔什科夫"级护卫舰俯瞰图

"独立"级濒海战斗舰

"独立"级濒海战斗舰是与"自由"级濒海战斗舰同期研制的另一种濒海战斗舰，计划建造 19 艘，截至 2020 年 10 月已有 11 艘开始服役。

排名依据

"独立"级濒海战斗舰主要用于沿海水域作战，是一种快速、机动、吃水浅的水面舰艇，具有高度的自动化设计，仅需要 40 名核心人员即可运作舰只，另外还可搭载 35 名特殊任务人员。与"自由"级濒海战斗舰一样，"独立"级濒海战斗舰也能根据任务需要灵活组装、搭配不同的武器模块系统，使其在反潜艇、反水雷和反水面作战方面的技 / 战术性能有了质的提升。与"自由"级濒海战斗舰相比，"独立"级濒海战斗舰的三体船型虽然在速度上没有优势，但飞行甲板面积得到明显扩展。

"独立"级濒海战斗舰结构图

建造历程

"独立"级濒海战斗舰与"自由"级濒海战斗舰同时发展，美国海军在 2004 年 5 月与洛克希德·马丁公司、通用动力公司分别签下濒海战斗舰

的发展合约。2005 年，通用
动力公司的"独立"级濒海
战斗舰方案完成了细部设计。
2006 年 1 月，"独立"级濒
海战斗舰的首舰开工建造，
2010 年 1 月正式服役。截至
2020 年 10 月，"独立"级
濒海战斗舰已有 11 艘服役，
另有 3 艘下水、1 艘在建。

高速航行的"独立"级濒海战斗舰

舰体构造

　　"独立"级濒海战斗舰
是一种铝质三体舰，舰体采
用模块化结构，并选用了先
进的舰体材料和动力装置。
该舰配备有舰尾舱门和 1 个
吊臂，可以发送和回收小艇
和水中传感器。此外，"独立"
级濒海战斗舰还配备有升降
机，可让 MQ-8B 无人机配置
到飞行甲板下的任务舱内。

正面视角

战斗性能

　　"独立"级濒海战斗舰装备了 1 门 Mk 110 型 57 毫米舰炮、1 座"拉
姆"舰对空导弹发射装置以及 4 挺 12.7 毫米机枪。此外，该级舰还可以加
装 AGM-114L"地狱火"导弹发射装置和 1 门 Mk 44 型 30 毫米舰炮。该舰
飞行甲板可以容纳 2 架 SH-60 直升机或者 1 架 CH-53 直升机。机库可容纳
2 架 SH-60 直升机，或者 1 架 SH-60 直升机和 3 架 MQ-8B 无人机。

"独立"级濒海战斗舰可以对各种威胁做出反应：能攻击和躲避水面舰艇、特别是高速密集小艇；能切断潜艇接近的路径；避开水雷并从容地进行反水雷作战。此外，"独立"级濒海战斗舰还具有良好的雷达探测、规避能力和通信指挥能力，能秘密行驶至敌方海岸线附近协助特种部队执行任务。

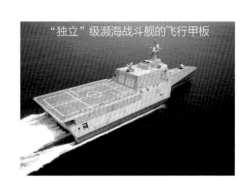

"独立"级濒海战斗舰的飞行甲板

趣 闻 逸 事

侧后方视角

"独立"级濒海战斗舰具有大面积的飞行甲板，能够同时进行两架 SH-60 直升机的作业，并能搭载美国海军最大型的直升机 MH-53，这在相同排水量的美国海军战舰中是不可能实现的，这就是"独立"号濒海战斗舰采用三体船型所带来的优势。

电子设备

"独立"级濒海战斗舰装有 AN/SPS-77(V)1"海长颈鹿"对空 / 平面搜索雷达（瑞典萨伯公司制造）、AN/KAX-2 光电探测系统、ES-3601 电子战支援系统、"纳尔卡"有源雷达诱饵系统（英国宇航系统公司制造），以诺斯洛普·格鲁曼公司制造的综合战斗管理系统等电子设备。在进行传统水面作战时，"独立"级濒海战斗舰将运用全新的技术，使用"海长颈鹿"雷达来进行远程探测，采用"拉姆"导弹系统实现精确导引，打击任何目标，并进行有效火力控制。

"独立"级濒海战斗舰俯瞰图

实战掠影

2014 年 4 月 30 日，"科罗拉多"号濒海战斗舰首次完成 30 毫米舰炮"结构化试射（STF）"工作，这也是"独立"级濒海战斗舰 30 毫米舰炮的首次试射。测试任务包括舰上的 2 门 30 毫米舰炮、任务包软件，以及相关测试设备，测试过程中采用实弹。测试共包括 3 次实弹射击：开火射击、最差条件下装填、持续开火。

2014 年 6 月至 7 月，"独立"号和"科罗拉多"号濒海战斗舰参加了在夏威夷举行的"环太平洋联合军演"。2015 年 8 月，美国海军在一次演习中，从"科罗拉多"号濒海战斗舰上成功试射了 1 枚"海拉姆"导弹，这是"海拉姆"导弹首次从濒海战斗舰上进行发射。

2016 年 9 月，美国海军出动了 1 艘"独立"级濒海战斗舰，在其一旁引爆水下炸弹，用于测试该级舰的抗爆炸性能。2017 年 5 月初，"科罗拉多"号濒海战斗舰参加了在新加坡举行的国际海事防务展览会。5 月 18 日，"科罗拉多"号参与了一次交汇演习，演习包括人员交流、跨甲板飞行操作、通信演习、跟踪演习等内容。

"独立"级濒海战斗舰发射导弹

"独立"级濒海战斗舰编队

同级概览

舷号	舰名	开工时间	下水时间	服役时间
LCS-2	"独立"号	2006 年 1 月	2008 年 4 月	2010 年 1 月
LCS-4	"科罗拉多"号	2009 年 12 月	2012 年 1 月	2014 年 4 月
LCS-6	"杰克逊"号	2011 年 8 月	2013 年 12 月	2015 年 12 月
LCS-8	"蒙哥马利"号	2013 年 6 月	2014 年 8 月	2016 年 9 月
LCS-10	"嘉贝丽·吉佛斯"号	2014 年 4 月	2015 年 2 月	2017 年 6 月
LCS-12	"奥马哈"号	2015 年 1 月	2015 年 11 月	2018 年 2 月

（续表）

舷号	舰名	开工时间	下水时间	服役时间
LCS-14	"曼彻斯特"号	2015 年 6 月	2016 年 5 月	2018 年 5 月
LCS-16	"塔尔萨"号	2016 年 1 月	2017 年 3 月	2019 年 2 月
LCS-18	"查尔斯顿"号	2016 年 6 月	2017 年 9 月	2019 年 3 月
LCS-20	"辛辛那提"号	2017 年 4 月	2018 年 5 月	2019 年 10 月
LCS-22	"堪萨斯城"号	2017 年 11 月	2018 年 10 月	2020 年 6 月
LCS-24	"奥克兰"号	2018 年 7 月	2019 年 7 月	2021 年（计划）
LCS-26	"莫比尔"号	2018 年 12 月	2020 年 1 月	尚未服役
LCS-28	"萨凡纳"号	2019 年 9 月	2020 年 9 月	尚未服役
LCS-30	"堪培拉"号	2020 年 3 月	尚未下水	尚未服役
LCS-32	"圣塔芭芭拉"号	尚未开工	尚未下水	尚未服役
LCS-34	"奥古斯塔"号	尚未开工	尚未下水	尚未服役
LCS-36	"金斯维尔"号	尚未开工	尚未下水	尚未服役
LCS-38	"皮埃尔"号	尚未开工	尚未下水	尚未服役

"科罗拉多"号濒海战斗舰

"蒙哥马利"号濒海战斗舰

"曼彻斯特"号濒海战斗舰

"自由"级濒海战斗舰

"自由"级濒海战斗舰是由美国洛克希德·马丁公司主持研制的一款濒海战斗舰，计划建造 16 艘，截至 2020 年 10 月已有 10 艘开始服役。

排名依据

相比于其他濒海战斗舰的设计，单船体的"自由"级濒海战斗舰风险最低，且在航速、价格、操作成本、综合机动性以及模组装设上都有优势，其最高航速为 47 节，比"独立"级濒海战斗舰更快。"自由"级濒海战斗舰可依照不同任务选用不同的舰载武器，还能搭载无人空中、水面和水下载具。

"自由"级濒海战斗舰结构图

建造历程

1991 年苏联的解体使美国海军的作战环境、作战对象发生了巨大变化。海湾战争结束后，美国海军便开始不断调整军事战略，先后提出了"由海向陆""前沿存在"等战略思想。2002 年，美国海军又提出了"海上打击、海上盾牌和海上基地"概念，标志着"近海战略"正式替代了"远洋战略"。此后，美国海军逐渐缩减大型战舰的规模，而将舰艇发展的重点转向以濒海战斗舰为代表的小型战舰。

2004 年，美国海军与洛克希德•马丁公司领导的工业小组签订合同，开发濒海战斗舰首舰。2005 年，首舰"自由"号开始铺设龙骨，之后于 2006 年下水，2008 年 8 月 21 日开始进行海试，同年 11 月 8 日开始服役。二号舰"沃思堡"号于 2012 年 9 月开始服役；三号舰"密尔沃基"号于 2015 年 11 月开始服役；四号舰"底特律"号于 2016 年 10 月开始服役。截至 2020 年 10 月，"自由"级濒海战斗舰共有 10 艘正在服役，另有 2 艘已经下水，3 艘正在建造。

侧前方视角

舰体构造

作为濒海区域（靠近海岸）作战的小型水面船只，"自由"级濒海战斗舰比导弹驱逐舰更小，与国际上所指的护卫舰相仿。该舰采用一种被称为"先进半滑航船体"的非传统单船体设计方案，其船体在高速航行时会向上浮起，吃水减少，阻力因此大幅降低。"自由"级濒海战斗舰具有可操作 2 架 SH-60"海鹰"直升机的飞行甲板和机库，还有从船尾回收和释放小艇的能力，并有足够大的货运量来运输 1 支小型攻击部队或装甲车等。

俯瞰"自由"级濒海战斗舰

正面视角

战斗性能

"自由"级濒海战斗舰可载重 220 吨，舰首装有 1 门 57 毫米 Mk 110 舰炮，直升机库上方设有 1 座 Mk 49 导弹发射装置（发射 RIM-116 "拉姆"舰对空导弹）；船楼前、后方的两侧各有 1 挺 12.7 毫米机枪。直升机库上方预留了 2 个武器模组安装空间，可依照任务需求设置垂直发射器来装填短程防空导弹，或者安装 30 毫米 Mk 44 舰炮模组。

高速航行的"自由"级濒海战斗舰

趣 闻 逸 事

濒海战斗舰（LCS）是美国海军为取代"佩里"级护卫舰在 20 世纪 90 年代初期制订的 SC-21 水面战斗舰艇计划的一部分，是冷战后美国舰艇转型的一种体现。与传统的护卫舰相比，濒海战斗舰的打击火力减弱不少，其功能设计已转向跨海近岸作战。

俯瞰"自由"级濒海战斗舰

电子设备

"自由"级濒海战斗舰的舰桥顶端设有光电搜索装置，配备欧洲宇航防务集团研制的 TRS-3D 型 C 波段对空 / 平面搜索雷达，以实施空中与水面目标的定位、监测、跟踪和火力分配，该雷达还采用了最先进的信号处理技术，尤其适合在极端条件下对低空飞行或慢速移动目标进行探测，如反舰导弹和直升机。"自由"级濒海战斗舰引入了潜艇无线通信，还配有 WBR-2000 电子对抗系统和 SKWS 诱饵发射系统。

"自由"级濒海战斗舰及其舰载直升机

实战掠影

2013 年 4 月，"自由"号濒海战斗舰被派往新加坡，执行为期 8 个月的战斗部署任务。2013 年 11 月 18 日，"自由"号濒海战斗舰抵达文莱参加与文莱的"战备与训练合作"军事演习。这是该舰在初次部署海外过程中的最后一次重大演习。

2015 年 1 月，"沃思堡"号濒海战斗舰抵达新加坡，接替"自由"号濒海战斗舰加入美国海军第七舰队。同年 3 月 2 日，"沃思堡"号参加了美韩代号为"关键决断"的年度联合军演，"关键决断"持续至 3 月 13 日，约 10000 名韩方人员和 8600 名美军人员参加，主要以电脑模拟等方式进行联合指挥所演习。

2016 年 7 月，"自由"号濒海战斗舰发生发动机损坏事件。同年 8 月 3 日，美国海军舰船维护中心发布报告称，发现由海水和锈蚀引发的发动机损坏，因为海水泵的密封泄漏，海水进入发动机润滑油系统，导致发动机报废。因为这一事件，时任"自由"号舰长迈克尔·翁海斯中校被解职。

"自由"级濒海战斗舰的直升机甲板

"自由"级濒海战斗舰的舰炮

同级概览

舷号	舰名	开工时间	下水时间	服役时间
LCS-1	"自由"号	2005 年 6 月	2006 年 9 月	2008 年 11 月
LCS-3	"沃思堡"号	2009 年 7 月	2010 年 12 月	2012 年 9 月
LCS-5	"密尔沃基"号	2011 年 10 月	2013 年 12 月	2015 年 11 月
LCS-7	"底特律"号	2012 年 8 月	2014 年 10 月	2016 年 10 月
LCS-9	"小岩城"号	2013 年 6 月	2015 年 7 月	2017 年 12 月
LCS-11	"苏城"号	2014 年 2 月	2016 年 1 月	2018 年 11 月
LCS-13	"威奇托"号	2015 年 2 月	2016 年 9 月	2019 年 1 月
LCS-15	"比林斯"号	2015 年 11 月	2017 年 7 月	2019 年 8 月
LCS-17	"印第安纳波利斯"号	2016 年 7 月	2018 年 4 月	2019 年 10 月
LCS-19	"圣路易斯"号	2017 年 5 月	2018 年 12 月	2020 年 8 月

（续表）

舷号	舰名	开工时间	下水时间	服役时间
LCS-21	"明尼阿波利斯"号	2018 年 2 月	2019 年 6 月	尚未服役
LCS-23	"库柏斯顿"号	2018 年 8 月	2020 年 1 月	尚未服役
LCS-25	"马里内特"号	2019 年 3 月	尚未下水	尚未服役
LCS-27	"南塔克特"号	2019 年 10 月	尚未下水	尚未服役
LCS-29	"伯洛伊特"号	2020 年 7 月	尚未下水	尚未服役
LCS-31	"克里夫兰"号	尚未开工	尚未下水	尚未服役

"底特律"号濒海战斗舰

"小岩城"号濒海战斗舰

"自由"级濒海战斗舰左舷后方视角

Chapter 05

核 潜 艇

　　核潜艇的出现和核战略导弹的运用，使潜艇发展进入一个新阶段，装备核战略导弹的核潜艇是一支非常重要的核威慑力量。本章将详细介绍核潜艇建造史上影响力最大的 10 种型号，并根据核心技术、综合性能、单位造价、建造数量等因素对其进行客观公正的排名。

 建造数量、服役时间和研制厂商

TOP 10 "洛杉矶"级潜艇	
同级舰艇	I 批次 31 艘（SSN-688～SSN-718） II 批次 31 艘（SSN-719～SSN-725、SSN-750～SSN-773）
服役时间	1976 年至今
生产厂商	纽波特纽斯造船厂　纽波特纽斯造船厂创立于 1886 年，总部位于美国弗吉尼亚州，它是美国规模最大的私人造船厂，也是美国目前唯一能够建造超级航空母舰的造船厂

TOP 9 "凯旋"级潜艇	
同级舰艇	"凯旋"号（S616） "勇猛"号（S617） "警惕"号（S618） "可怕"号（S619）
服役时间	1997 年至今
生产厂商	法国舰艇建造局　法国舰艇建造局创立于 1631 年，总部位于法国巴黎。目前，法国舰艇建造局受法国国防部下属的装备部管辖，统一组织和协调海军装备的设计、生产、试验、维修和改装工作

TOP 8 "前卫"级潜艇	
同级舰艇	"前卫"号（S28） "胜利"号（S29） "警戒"号（S30） "复仇"号（S31）
服役时间	1993 年至今
生产厂商	维克斯造船厂　维克斯造船厂创立于 1871 年，总部位于英国英格兰坎布里亚郡的巴罗因弗内斯。1977 年被英国造船公司收购，1995 年转属通用电气公司，1999 年又被英国宇航系统公司收购

TOP 7 "机敏"级潜艇	
同级舰艇	"机敏"号（S119）"伏击"号（S120）"机警"号（S121）"勇敢"号（S122）"安森"号（S123）"阿伽门农"号（S124）"阿贾克斯"号（S125）
服役时间	2010年至今
生产厂商	英国宇航系统公司　英国宇航系统公司是1999年11月由英国航空航天公司和马可尼电子系统公司合并而成的跨国军火公司，其涵盖的军工产品范围十分广泛

TOP 6 "亚森"级潜艇	
同级舰艇	"北德文斯克"号（K-560）"喀山"号（K-561）"新西伯利亚"号（K-573）"克拉斯诺雅茨克"号（K-571）"阿尔汉格尔斯克"号（暂无）"彼尔姆"号（暂无）
服役时间	2013年至今
生产厂商	北方造船厂　北方造船厂位于俄罗斯圣彼得堡市，创立于1912年。该厂是俄罗斯最主要的水面战斗舰艇生产商之一，在建造军用舰艇方面拥有绝对的技术优势

TOP 5 "弗吉尼亚"级潜艇	
同级舰艇	"弗吉尼亚"号（SSN-774）"得克萨斯"号（SSN-775）"夏威夷"号（SSN-776）"北卡罗来纳"号（SSN-777）"新罕布什尔"号（SSN-778）"新墨西哥"号（SSN-779）"密苏里"号（SSN-780）"加利福尼亚"号（SSN-781）"密西西比"号（SSN-782）"明尼苏达"号（SSN-783）"北达科他"号（SSN-784）"约翰·沃纳"号（SSN-785）
服役时间	2004年至今
生产厂商	通用动力公司　通用动力公司是一家综合性防务集团公司，创立于1899年，总部在弗吉尼亚州。它是美国最大的军火商之一，目前主营舰船系统、作战系统、信息系统、航空航天四大业务

TOP 4 "台风"级潜艇	
同级舰艇	TK-208 TK-202 TK-12 TK-13 TK-17 TK-20
服役时间	1981 年至今
生产厂商	红宝石设计局 红宝石设计局创立于 20 世纪初期,总部位于圣彼得堡。在苏联(现俄罗斯)三大潜艇设计局中,红宝石设计局是设计潜艇级别最多、建造数量最多和历史最久的设计局

TOP 3 "俄亥俄"级潜艇	
同级舰艇	"俄亥俄"号(SSGN-726)"密歇根"号(SSGN-727)"佛罗里达"号(SSGN-728)"佐治亚"号(SSGN-729)"亨利·杰克逊"号(SSBN-730)"亚拉巴马"号(SSBN-731)"阿拉斯加"号(SSBN-732)"内华达"号(SSBN-733)"田纳西"号(SSBN-734)"宾夕法尼亚"号(SSBN-735)"西弗吉尼亚"号(SSBN-736)"肯塔基"号(SSBN-737)"马里兰"号(SSBN-738)"内布拉斯加"号(SSBN-739)"罗得岛"号(SSBN-740)"缅因"号(SSBN-741)"怀俄明"号(SSBN-742)"路易斯安那"号(SSBN-743)
服役时间	1981 年至今
生产厂商	通用动力公司 通用动力公司是一家综合性防务集团公司,创立于 1899 年,总部在弗吉尼亚州。它是美国最大的军火商之一,目前主营舰船系统、作战系统、信息系统、航空航天四大业务

TOP 2 "北风之神"级潜艇	
同级舰艇	"尤里·多尔戈鲁基"号(K-535)"亚历山大·涅夫斯基"号(K-550)"弗拉基米尔·莫诺马赫"号(K-551)"弗拉基米尔大公号(K-50)"
服役时间	2013 年至今
生产厂商	红宝石设计局 红宝石设计局创立于 20 世纪初期,总部位于圣彼得堡。在苏联(现俄罗斯)三大潜艇设计局中,红宝石设计局是设计潜艇级别最多、建造数量最多和历史最久的设计局

TOP 1　"海狼"级潜艇	
同级舰艇	"海狼"号（SSN-21）　"康涅狄格"号（SSN-22）　"吉米·卡特"号（SSN-23）
服役时间	1997年至今
生产厂商	通用动力公司　通用动力公司是一家综合性防务集团公司，创立于1899年，总部在弗吉尼亚州。它是美国最大的军火商之一，目前主营舰船系统、作战系统、信息系统、航空航天四大业务

舰体尺寸、动力装置和主要武器

TOP 10　"洛杉矶"级潜艇

导弹发射装置 ×12
533毫米鱼雷发射管 ×4

S6G核反应堆 ×1

吃水 9.4 米

全长 110 米
全宽 10 米

TOP 9　"凯旋"级潜艇

导弹发射装置 ×16
533毫米鱼雷发射管 ×4

K15核反应堆 ×1

吃水 10.6 米

全长 138 米
全宽 12.5 米

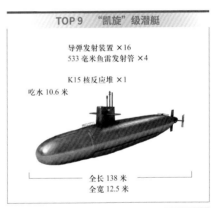

TOP 8　"前卫"级潜艇

导弹发射装置 ×16
533毫米鱼雷发射管 ×4

劳斯莱斯 PWR2 核反应堆 ×1

吃水 12 米

全长 149.9 米
全宽 12.8 米

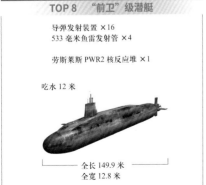

TOP 7　"机敏"级潜艇

533毫米鱼雷发射管 ×6

劳斯莱斯 PWR2 核反应堆 ×1

吃水 10 米

全长 97 米
全宽 11.3 米

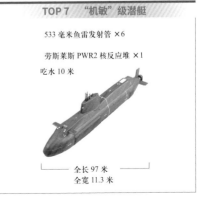

TOP 6　"亚森"级潜艇

导弹发射装置 ×8
650 毫米鱼雷发射管 ×8
533 毫米鱼雷发射管 ×2

KPM 核反应堆 ×1

吃水 8.4 米

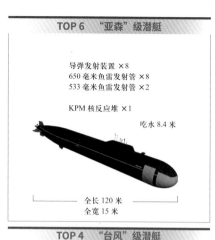

全长 120 米
全宽 15 米

TOP 5　"弗吉尼亚"级潜艇

导弹发射装置 ×12
533 毫米鱼雷发射管 ×4

S9G 核反应堆 ×1

吃水 9.3 米

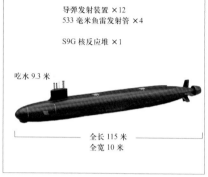

全长 115 米
全宽 10 米

TOP 4　"台风"级潜艇

导弹发射装置 ×20
650 毫米鱼雷发射管 ×4
533 毫米鱼雷发射管 ×2

OK-650 核反应堆 ×2

吃水 12 米

全长 175 米
全宽 23 米

TOP 3　"俄亥俄"级潜艇

导弹发射装置 ×24
533 毫米鱼雷发射管 ×4

S8G 核反应堆 ×1

吃水 10.8 米

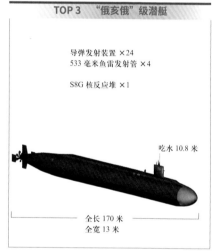

全长 170 米
全宽 13 米

TOP 2　"北风之神"级潜艇

导弹发射装置 ×16
533 毫米鱼雷发射管 ×6

OK-650 核反应堆 ×1

吃水 10 米

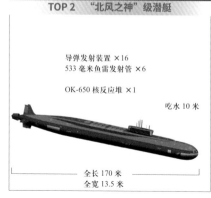

全长 170 米
全宽 13.5 米

TOP 1　"海狼"级潜艇

660 毫米鱼雷发射管 ×8

S6G 核反应堆 ×1
辅助推进电机 ×1

吃水 10.7 米

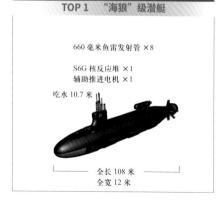

全长 108 米
全宽 12 米

基本战斗性能对比

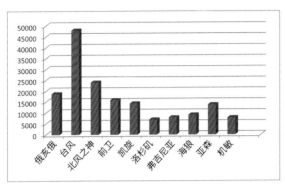

潜航满载排水量对比图（单位：吨）

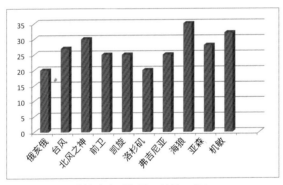

潜航速度对比图（单位：节）

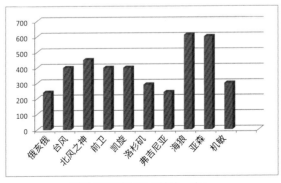

潜航深度对比图（单位：米）

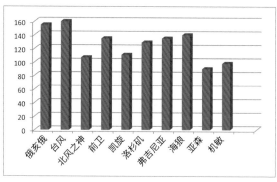

舰员人数对比图（单位：人）

"洛杉矶"级潜艇

"洛杉矶"级潜艇是美国于 20 世纪 70 年代初开始建造的攻击型核潜艇，共建造了 62 艘，截至 2020 年 10 月仍有 33 艘在役。

排名依据

"洛杉矶"级潜艇是世界上建造数量最多的一级核潜艇，不仅火力强大，还具有完善的电子对抗设备，能干扰和躲避敌人的声控鱼雷，并装备了先进的综合声呐设备，最大探测距离可达 180 千米。

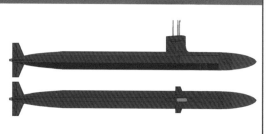

"洛杉矶"级潜艇结构图

建造历程

20 世纪 60 年代中期，苏联研制出"维克托"级攻击型核潜艇。与此同时，美国也开始发展新型核潜艇。1964 年，美国开始研究 SSN688 级高速核潜艇，最终定名为"洛杉矶"级潜艇，并于 1968 年开始研制工作。首艇"洛杉矶"号于 1972 年 2 月开工建造，1976 年 11 月开始服役。截至 2020 年 10 月，仍有 33 艘"洛杉矶"级潜艇在美国海军服役。

"洛杉矶"级潜艇在浅水区域航行

舰体构造

"洛杉矶"级潜艇很好地处理了高速与静音的关系，使最大航速在降低噪声的基础上达到最佳。该级艇耐压壳体轮廓低矮，艇壳轮廓过渡圆滑，由艇首至艇尾逐渐收缩至水线处。指挥塔围壳较窄，前后缘垂直，位于艇身中部较前位置。

侧后方视角

战斗性能

"洛杉矶"级潜艇在舰体中部设有 4 座 533 毫米鱼雷发射管，可发射"鱼叉"反舰导弹、"萨布洛克"反潜导弹、"战斧"巡航导弹以及传统的线导鱼雷等。从"普罗维登斯"号开始的后 31 艘潜艇又加装了 1 座十二联装导弹垂直发射装置，可在不减少其他武器数量的情况下，增载 12 枚"战斧"巡航导弹。此外，该级艇还具有布设 Mk 67 触发水雷和 Mk 60"捕手"水雷的能力。

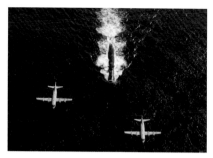

俯瞰"洛杉矶"级潜艇

"洛杉矶"级潜艇前 12 艘以支持其发展计划的参议员所代表的地区名称命名，除了"海曼·里科弗"号（SSN-709）之外，其他后继艇均以美国城市名称命名，打破了美国海军以海洋生物命名潜艇的惯例。

1991 年海湾战争中，美国海军曾派出两艘"洛杉矶"级潜艇参战，并发射了上百枚"战斧"巡航导弹攻击伊拉克陆地上的军事设施，这也是美国攻击型核潜艇首次进行对陆攻击。

"洛杉矶"级潜艇参加军事演习

TOP 9 "凯旋"级潜艇

"凯旋"级潜艇是法国设计并建造的弹道导弹核潜艇，共建造了 4 艘，截至 2020 年 10 月仍全部在役。

建造历程

　　为替换老旧的弹道导弹核潜艇,法国于 1981 年 7 月开始研制"凯旋"级弹道导弹核潜艇。该级艇共建造 4 艘,分别为"凯旋"号、"勇猛"号、"警惕"号和"可怕"号。其中,"凯旋"号于 1989 年 7 月开工建造,1994 年 3 月下水,1997 年 3 月开始服役。"可怕"号于 2000 年 10 月开工建造,2008 年 3 月下水,2010 年 9 月开始服役。

船坞中的"凯旋"级潜艇

舰体构造

　　"凯旋"级潜艇的艇体为细长水滴形,长宽比为 11 : 1,外形具有光洁的流线型表面。该级艇为单壳结构,耐压壳内布置有鱼雷舱、指挥舱、导弹舱、反应堆舱、主机舱、尾舱等舱室。尾部采用泵喷射推进器,导管内外还敷有消声材料,用以降低噪声,提高推进效率。艇壳材料采用

HLES-100 高强度钢，下潜深度可达 400 米。

"凯旋"级潜艇艇首视角

"凯旋"级潜艇侧面视角

|||||▷ 战斗性能

　　"凯旋"级潜艇装有 1 座十六联装的导弹发射装置，可发射 M51 弹道导弹。该导弹为三级固体燃料导弹，射程超过 10 000 千米，圆概率偏差 300 米。此外，"凯旋"级潜艇还装有 4 座 533 毫米鱼雷发射管，可发射 L5-3 型两用主 / 被动声自导鱼雷或"飞鱼"SM39 反舰导弹，鱼雷和反舰导弹可混合装载 18 枚。"凯旋"级潜艇装备了法国自行研制的 SGN-3 全球惯性导航系统，可提供精确的潜艇位置，以提高发射 M51 导弹的命中精度。

"凯旋"级潜艇参加军事演习

趣 闻 逸 事

　　"凯旋"级潜艇前三艘配备的是 M45 弹道导弹，第四艘"可怕"号则配备了更先进的 M51 弹道导弹。2010 年 10 月，"可怕"号在大西洋近法国水域进行了第一次测试，成功发射 M51 弹道导弹。2010 年冬天开始，前三艘"凯旋"级潜艇开始加装 M51 弹道导弹的发射装置，升级预计在 2018 年完成。

"凯旋"级潜艇在水面航行

"前卫"级潜艇

"前卫"级潜艇是英国于20世纪80年代设计并建造的弹道导弹核潜艇，共建造了4艘，截至2020年10月仍全部在役。

排名依据

"前卫"级潜艇是英国仿照美国海军"俄亥俄"级潜艇设计并建造的核动力潜艇，采用了英国首创的泵喷射推进技术，有效降低了辐射噪声，安静性和隐蔽性尤为出色。在"胜利者"战略轰炸机退役后，"前卫"级潜艇成为英国仅存的一种核打击平台。

"前卫"级潜艇结构图

建造历程

英国一向重视发展海军，因此积极追随美国发展核潜艇，并从美国引进核潜艇的关键技术。1982年3月，英国决定向美国购买72枚"三叉戟"II型导弹，装备4艘核潜艇。1983年，英国海军与维克斯造船公司签订了新一代核潜艇的建造合同，命名为"前卫"级。该级艇共建造了4艘，首艇于1986年9月开工建造，1992年3月下水，1993年8月开始服役。四号艇于1993年2月开工建造，1998年9月下水，1999年11月开始服役。截至2020年10月，"前卫"级潜艇仍全部在役。

"前卫"级潜艇在近海航行

舰体构造

"前卫"级潜艇采用水滴形艇体，艇的长宽比为11.7∶1，略显瘦长。导弹舱为平行中体，艇首采用水平舵，尾部为十字形尾鳍。艇体结构为单双壳体混合型，有利于降低艇体阻力和提高推进效率。艇体外形光顺，航行阻力较小，并敷有消声瓦。艇内布置有艇首鱼雷舱、指挥舱、导弹舱、辅机舱、核反应堆舱、主机舱6个舱室。"前卫"级潜艇在提高隐身能力

方面下了很大功夫，
如采用经过淬火处理
的变额硬化齿轮、筏
式整体减震装置等。
此外，艇壳上的流水
孔很少，表面光滑，
减少了水动力噪声。

正面视角

▌▌▌▶ 战斗性能

　　"前卫"级潜艇装备了从美国引进的"三叉戟"II型弹道导弹，共 16
枚。每枚导弹可携带 8 个威力为 150kt TNT 当量的分导式多弹头，每艘潜

艇的弹头数为 128 个，
总威力为 19200 万吨
TNT 当量。除此之外，
"前卫"级潜艇还装
有 4 座 533 毫米鱼雷
发射管，可发射"旗鱼"
鱼雷和"鱼叉"反舰
导弹。

侧前方视角

趣 闻 逸 事

　　2009 年 2 月初，英国"前卫"号潜艇与法国"凯旋"号潜艇在大西洋相撞，两
艘潜艇都载有核弹头。"凯旋"号潜艇的声呐系统严重受损，塔台及侧翼等处有不
同程度损坏。英国海军的一位匿名人士称，这是自 2007 年伊朗扣留 15 名英国海军
士兵以来，英国海军遭遇的最令人尴尬的事件。

侧后方视角

"机敏"级潜艇

　　"机敏"级潜艇是英国正在建造的新一代攻击型核潜艇，计划建造7艘，截至2020年10月共有4艘建成服役。

排名依据

　　"机敏"级潜艇是英国历史上最安静的潜艇，根据公开的资料，该潜艇水下航行过程中所产生的噪声"不会超过一只幼年海豚，从而确保其不会被敌舰探测到"。"机敏"级潜艇可自行利用海水制造氧气，可藏身海底从容地进行环球潜航，在世界范围海域内从事反水面舰艇和反潜作战，同时能执行对陆地攻击和海上布雷等军事任务。未来"机敏"级潜艇将逐渐取代"敏捷"级潜艇和"特拉法尔加"级潜艇，成为英国的主要水下力量。

"机敏"级潜艇结构图

建造历程

　　为了取代"快速"级攻击型核潜艇和"特拉法尔加"级攻击型核潜艇，英国海军早在 20 世纪 80 年代末期便已开始规划新一代攻击型核潜艇。1994 年 7 月，英国国防部向国内相关造舰厂商下达了新一代攻击型核潜艇的招标书。1997 年 3 月，英国海军正式签署了"机敏"级潜艇的建造合约。首艇"机敏"号于 2001 年 1 月开工建造，2007 年 6 月下水，2010 年 8 月开始服役。二号艇"伏击"号于 2013 年 3 月开始服役，三号艇"机警"号于 2016 年 3 月开始服役，四号艇"勇敢"号于 2020 年 4 月开始服役。

停泊在英国南安普顿港的"机敏"级潜艇

▌▌▌▷ ★ 舰体构造

　　"机敏"级潜艇采用模块化设计方案，使系统维修升级更加简单，原来需要 2 ～ 3 天才能完成安装的动力系统，现在只需要 5 小时左右就可安装完毕。"机敏"级潜艇以光纤红外热成像摄像机取代了传统潜望镜，它不再保留传统形式的光学潜望镜，取而代之的是 2 套非壳体穿透型 CMO10 光电桅杆，包括热成像、微光电视和由计算机控制的彩色电视传感器。

侧前方视角

▌▌▌▷ 战斗性能

　　"机敏"级潜艇的艇首装有 6 座 533 毫米鱼雷发射管，可发射"旗鱼"鱼雷、"鱼叉"反舰导弹和"战斧"对陆攻击巡航导弹，鱼雷和导弹的装载总量为 38 枚，也可携带水雷作战。总体上，"机敏"级潜艇的武器火力要比"特拉法尔加"级潜艇高出 50%。

侧后方视角

趣闻逸事

　　2007 年 6 月 8 日，"机敏"号在坎布里亚郡巴鲁因佛奈斯港下水，英国王储查尔斯的妻子、康沃尔公爵夫人卡米拉主持了下水仪式。她弃用了传统的香槟，而选用艇员酿制的啤酒作为庆祝仪式的饮用品。

"机敏"级潜艇在水面航行

"亚森"级潜艇

"亚森"级潜艇是俄罗斯正在建造的新一代攻击型核潜艇，计划建造 10 艘，首艇于 2013 年 12 月开始服役。

排名依据

"亚森"级潜艇是俄罗斯海军在苏联解体后研制并装备的第一种攻击型核潜艇，在西方军事界得到的评价极高。未来 20 年内，它将和"北风之神"级潜艇一起，构成俄罗斯海军力量的核心。"亚森"级潜艇可以携带包括潜射巡航导弹、超音速反舰导弹、重型鱼雷、超重型鱼雷、超空泡鱼雷、水雷等俄罗斯海军潜艇武器库中几乎所有的武器。

"亚森"级潜艇结构图

建造历程

由于"阿库拉"级潜艇的设计目的是用于深海作战，在浅海作战有些力不从心。为此，俄罗斯海军便决定研制一种能够和美国最先进的"弗吉尼亚"级潜艇、"海狼"级潜艇对抗的核动力潜艇，"亚森"级潜艇由此而生。首艇"北德文斯克"号于 1993 年 12 月开工建造，2010 年 6 月下水，2013 年 12 月开始服役。截至 2020 年 10 月，二号艇和三号艇已经下水，四号艇至九号艇也已开工建造。

船坞中的"亚森"级潜艇

舰体构造

"亚森"级潜艇的艇体采用高性能的双壳体结构，潜艇内分 7 个舱室布置，分别是指挥舱、巡航导弹舱、鱼雷舱、居住舱、反应堆舱、主机舱和尾部舱。该潜艇的储备浮力极佳，指挥舱内还设有能容纳全体乘员的救生室，以便在出现事故或者战损时使用。与以往的俄罗斯核潜艇相比，"亚森"级潜艇具有更强大的火力、更强大的机动性和更高的隐蔽性。

侧面视角

战斗性能

"亚森"级潜艇在艇首装备了 8 座 650 毫米鱼雷发射管和 2 座 533 毫米鱼雷发射管，可以发射 65 型鱼雷、53 型鱼雷、SS-N-15 反潜导弹等武器。此外，该艇还在指挥台围壳后面的巡航导弹舱布置了 1 座八联装导弹垂直发射装置，用于发射 SS-N-27 巡航导弹。

侧面视角

趣 闻 逸 事

2010 年 6 月 15 日，时任俄罗斯总统的梅德韦杰夫在北德文斯克市参加了"北德文斯克"号潜艇的下水仪式，他表示"亚森"级潜艇将加强俄罗斯海军水下力量及防御能力，强化俄罗斯海军的地位。

"弗吉尼亚"级潜艇

"弗吉尼亚"级潜艇是美国海军正在建造的最新一级攻击型核潜艇，计划建造 66 艘，截至 2020 年 10 月已有 19 艘开始服役。

排名依据

　　"弗吉尼亚"级潜艇是美国海军第一种同时针对大洋和近海两种功能设计的核潜艇，以执行"濒海作战"任务为主，同时兼顾大洋作战。由于配备了战术"战斧"导弹，"弗吉尼亚"级潜艇对陆上战略战役目标和濒海港口重要区域的快速打击能力，都得到了较大提升。因战术"战斧"导弹具备对时间敏感性目标进行打击的能力，所以"弗吉尼亚"级潜艇还具有为艇上特战队员上陆作战提供应招火力支援的能力。

"弗吉尼亚"级潜艇结构图

建造历程

1992 年，美国取消了"海狼"级攻击型核潜艇的后续建造计划，因为这种潜艇的造价过于昂贵，体积过于庞大。与此同时，美国海军开始筹划另一种排水量、价格均低于"海狼"级的新一代攻击型核潜艇，作为"海狼"级潜艇的替代方案。该计划的最终产物就是 2000 年开始建造的"弗吉尼亚"级攻击型核潜艇，计划建造 48 艘。2004 年，首艇"弗吉尼亚"号开始服役。

建造中的"弗吉尼亚"级潜艇

舰体构造

"弗吉尼亚"级潜艇仍然采用圆柱形水滴流线舰体，直径与"洛杉矶"级潜艇相近。由于沿用了许多"海狼"级潜艇的研发成果，如前方具有弯角造型的帆罩、舰首伸缩水平翼、两侧各 3 个宽孔径被动数组声呐的听音数组、6 片式尾翼以及尾端水喷射推进器等，都与"海狼"级潜艇一模一样，因此从外观看起来就像"海狼"级潜艇的缩小版。

正面视角

战斗性能

"弗吉尼亚"级潜艇装有 1 座十二联装导弹垂直发射装置，可使用射程为 2500 千米的对陆攻击型"战斧"巡航导弹，能够对陆地纵深目标实施打击。该级艇还安装了 4 座 533 毫米鱼雷发射管，发射管具有涡轮气压系统，解决了发射前需要注水而产生噪声的弊端。这 4 座鱼雷发射管不但可以发射 Mk 48 型鱼雷、"鱼叉"反舰导弹以及布放水雷，还可以发射、回收水下无人驾驶遥控装置以及无人飞行器。

侧前方视角

趣 闻 逸 事

　　"弗吉尼亚"级潜艇采用地名命名法，大多以美国各州为命名依据，其中弗吉尼亚位于美国东部大西洋沿岸，是美国最初的十三州之一，首府为里士满。

侧前方视角

4 TOP "台风"级潜艇

　　"台风"级潜艇是苏联设计并建造的弹道导弹核潜艇，一共建造了 6 艘，截至 2020 年 10 月仍有 1 艘在俄罗斯海军服役。

排名依据

    "台风"级潜艇是典型的冷战时期的产物,其设计目的是达到"相互保证毁灭原则"。该潜艇是人类历史上建造的排水量最大的潜艇,至今仍保持着最大体积和吨位的世界纪录。"台风"级潜艇的体积几乎是美国"俄亥俄"级潜艇的 2 倍,但是核弹投射能力略逊于后者。不过,得益于庞大的船舱容积,"台风"级潜艇可以让水兵舒服地在敌人附近海域潜伏较长时间。"台风"级潜艇搭载的 SS-N-20 "鲟鱼"弹道导弹(苏联代号为 R-39)的射程达 8300 千米,足以打击与它同处一个半球的任何一个目标。

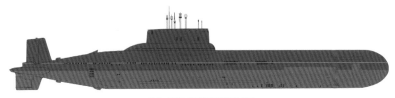

"台风"级潜艇结构图

建造历程

    "台风"级潜艇的首艇于 1977 年开工建造,1980 年 9 月下水,1981年 12 月正式服役。该级艇原计划建造 8 艘,最终建成了 6 艘,整个建造计划在 1989 年全部完成。苏联解体后,俄罗斯海军因经费问题而无法维持"台风"级潜艇的运作,相继有 3 艘被拆解。截至2020 年 10 月,"台风"级潜艇只剩下 1 艘在役,还有 2 艘退役后储备在北方舰队。

"台风"级潜艇艇首视角

舰体构造

"台风"级潜艇最独特的设计特征是"非典型双壳体"，即导弹发射筒为单壳体，其他部分均为双壳体。导弹发射筒夹在双壳耐压艇体之间，可避免出现"龟背"而增大航行的阻力和噪声，并节约建造费用。该级艇共有 19 个舱室，从横剖面看呈"品"字形布局，主耐压艇体、耐压中央舱段和鱼雷舱采用钛合金材料，其余部分采用消磁高强度钢材。在非耐压艇体外表面敷设有一种专用橡胶消声瓦，极大地提高了潜艇的隐蔽性。

"台风"级潜艇尾部视角

战斗性能

"台风"级潜艇设有 1 座二十联装导弹发射管、2 座 533 毫米鱼雷发射管、4 座 650 毫米鱼雷发射管，可发射 SS-N-16 反潜导弹、SS-N-15 反潜导弹、SS-N-20 弹道导弹以及常规鱼雷和"风暴"空泡鱼雷等。其中，SS-N-20 导弹是三级推进式潜射洲际弹道导弹，采用固体燃料，发射重量 90 吨，可携带 10 个分弹头，射程 8300 千米，圆概率偏差 500 米。"台风"级潜艇可以同时发射 2 枚 SS-N-20 弹道导弹，这在弹道导弹潜艇中是极为罕见的。"台风"级潜艇在遭受普通鱼雷攻击时，大部分的鱼雷爆炸力会被双壳体的耐压舱和壳体外的水吸收，从而保护艇体免受损害。

趣闻逸事

"台风"级潜艇并不像大多数西方人所想象的那样一般都不注重士兵的舒适度，它是少数在设计时就考虑到安装空调设备的俄罗斯潜艇，生活区为每位水兵提供了约3平方米的"休息空间"，艇上还有游泳池和健身房。

"台风"级潜艇后方视角

3 TOP "俄亥俄"级潜艇

　　"俄亥俄"级潜艇是美国海军装备的第四代弹道导弹核潜艇，共建造了18艘。冷战结束后，有4艘被改装为巡航导弹核潜艇。

排名依据

　　"俄亥俄"级潜艇是美国核威慑的重要力量，目前仍作为弹道导弹潜艇使用的14艘同级艇所携带的战略核弹头数量约占美国核弹头总数的50%。"俄亥俄"级潜艇是至今美国海军建造的最大的潜艇，其排水量和体积在全球范围内仅次于俄罗斯"台风"级潜艇（俄罗斯"北风之神"级潜艇的潜航排水量大于"俄亥俄"级潜艇，但是水上排水量较小）。主要武器为"三叉戟"Ⅱ型弹道导弹，最大射程超过12000千米。

"俄亥俄"级潜艇结构图

建造历程

　　1967年，美国制订了"水下远程导弹系统"（ULMS）计划。1972年初，ULMS-Ⅰ型导弹研制成功，并被命名为"三叉戟"Ⅰ型导弹。同时，美国开始研制新型弹道导弹潜艇以供"三叉戟"导弹使用，"俄亥俄"级潜艇的建造计划因此浮出水面。首艇"俄亥俄"号于1976年4月开工建造，1979年4月下水，1981年11月开始服役。冷战结束后，根据美俄达成的削减进攻性战略武器条约，有4艘"俄亥俄"级潜艇被改装为巡航导弹核潜艇。截至2020年10月，"俄亥俄"级潜艇仍全部在役。

浮在水面的"俄亥俄"级潜艇

舰体构造

"俄亥俄"级潜艇为单壳型舰体，外形近似于水滴形，长宽比为 13:1。舰体首尾部是非耐压壳体，中部为耐压壳体。耐压壳体内部布局从舰首到舰尾依次分为指挥舱、导弹舱、反应堆舱和主辅机舱四个大舱。其中指挥舱分上、中、下三层，上层包括指挥室，无线电室和航海仪器室。中层前部为生活舱，后部为导弹指挥室。下层布置 4 具鱼雷发射管。

"俄亥俄"级潜艇在水面航行

艇员在"俄亥俄"级潜艇的甲板上列队

战斗性能

"俄亥俄"级潜艇设有 24 具导弹垂直发射装置，最初发射"三叉戟"Ⅰ型导弹，后升级为"三叉戟"Ⅱ型导弹。被改装成巡航导弹核潜艇的 4 艘"俄亥俄"级潜艇，则改用"战斧"常规巡航导弹。除导弹外，各艇另有 4 座 533 毫米鱼雷发射管，可携带 12 枚 Mk 48 多用途线导鱼雷，可用于攻击潜艇或水面舰艇。

"俄亥俄"级潜艇在近海航行

趣 闻 逸 事

　　"俄亥俄"级潜艇经常成为小说和电影中的重要角色。其中，"阿拉巴马"号是电影《赤色风暴》的主要角色，电影讲述了该潜艇由于受到攻击而无法顺利接收到总部传递的是否发射潜射弹道导弹的命令，因而最终导致在舰长和副舰长之间发生兵变冲突的故事。

电子设备

　　"俄亥俄"级潜艇的声呐系统比较先进，美国海军以往的"拉斐特"级弹道导弹核潜艇的声呐系统较为简陋，体积较小，因此鱼雷管可以置于舰首。而"俄亥俄"级潜艇则如同美国海军攻击型核潜艇一般拥有艇首大型球形声呐，鱼雷管被挤到艇身底侧。"俄亥俄"级潜艇使用的 BQQ-6 声呐系统除了省略艇首球形阵列声呐的主动拍发功能（仍保留听音阵列）之外，其余部件均与同一时期的"洛杉矶"级潜艇的 BQQ-5 声呐系统相当，搭配的计算机为 MK-118 型。

　　"俄亥俄"级潜艇配备柯尔摩根光学公司的 Type-2F 攻击潜望镜与 Type-15L 搜索潜望镜，其中 Type-15L 的伸缩桅杆左侧装备了 WLR-10 电子截收系统。"俄亥俄"级潜艇的作战中枢为雷神公司的 AN/CCS Mk 2 型作战指挥系统，主要硬件包括 UYK-43 主计算机、UYK-44 中型计算机，其影像工作站以硅谷影像公司的 4D/20 个人信息工作站为基本架构，最多能同时控制 4 枚 Mk 48 鱼雷接战。

"俄亥俄"级潜艇的声呐控制室

实战掠影

　　1988 年 5 月，"亚拉巴马"号潜艇进行了一次成功的导弹试射，共发

射了2枚"三叉戟"导弹。同年9月1日，"亚拉巴马"号潜艇顺利完成第
9次巡逻回到基地，这也是
"三叉戟"导弹的第100次
战略威慑巡逻，美国军方为
此举办了一个官方庆典，时
任美国海军部长亨利·加勒
特三世出席。

"俄亥俄"级潜艇右舷后方视角

　　2006年8月1日至
2日夜间，当"内华达"
号潜艇以潜望深度通过胡
安·德·富卡海峡时发生
了一起事故：当时一艘名
为"菲利斯·邓拉普"号
的拖船正拖拽着两艘从夏
威夷州的火奴鲁鲁前往华
盛顿州的西雅图的货船前
行，从其下经过的"内华
达"号潜艇被拖船与其中
一艘货船之间的拖链缠住。
虽然其后潜艇扯破了拖链，
但是其上的光导纤维遭到
破坏。

"俄亥俄"级潜艇导弹垂直发射装置的外部特写

⫸ 同级概览

舷号	舰名	开工时间	下水时间	服役时间
SSGN-726	"俄亥俄"号	1976年4月	1979年4月	1981年11月
SSGN-727	"密歇根"号	1977年4月	1980年4月	1982年9月
SSGN-728	"佛罗里达"号	1981年1月	1981年11月	1983年6月

（续表）

舷号	舰名	开工时间	下水时间	服役时间
SSGN-729	"佐治亚"号	1979 年 4 月	1982 年 11 月	1984 年 2 月
SSBN-730	"亨利·杰克逊"号	1981 年 11 月	1983 年 10 月	1984 年 10 月
SSBN-731	"亚拉巴马"号	1981 年 8 月	1984 年 5 月	1985 年 5 月
SSBN-732	"阿拉斯加"号	1983 年 3 月	1985 年 1 月	1986 年 1 月
SSBN-733	"内华达"号	1983 年 8 月	1985 年 9 月	1986 年 8 月
SSBN-734	"田纳西"号	1986 年 6 月	1986 年 12 月	1988 年 12 月
SSBN-735	"宾夕法尼亚"号	1987 年 3 月	1988 年 4 月	1989 年 9 月
SSBN-736	"西弗吉尼亚"号	1987 年 12 月	1989 年 10 月	1990 年 10 月
SSBN-737	"肯塔基"号	1987 年 12 月	1990 年 8 月	1991 年 7 月
SSBN-738	"马里兰"号	1986 年 4 月	1991 年 8 月	1992 年 6 月
SSBN-739	"内布拉斯加"号	1987 年 7 月	1992 年 8 月	1993 年 7 月
SSBN-740	"罗得岛"号	1988 年 9 月	1993 年 7 月	1994 年 7 月
SSBN-741	"缅因"号	1990 年 7 月	1994 年 7 月	1995 年 7 月
SSBN-742	"怀俄明"号	1991 年 8 月	1995 年 7 月	1996 年 7 月
SSBN-743	"路易斯安那"号	1992 年 10 月	1996 年 7 月	1997 年 9 月

"内布拉斯加"号潜艇

"路易斯安那"号潜艇

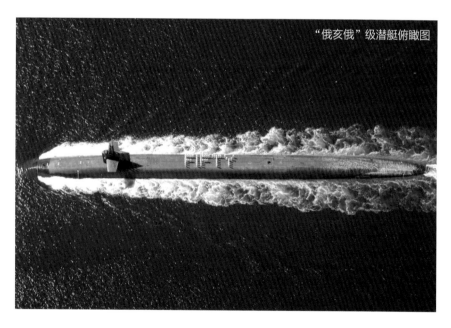

"俄亥俄"级潜艇俯瞰图

"北风之神"级潜艇

"北风之神"级潜艇是俄罗斯设计建造的新一代弹道导弹核潜艇，计划建造 10 艘，截 至 2020 年 10 月，已有 4 艘开始服役。

排名依据

"北风之神"级潜艇充分体现出俄罗斯高超的潜艇制造技术，并且在性能上超过了俄罗斯其他现役弹道导弹核潜艇。"北风之神"级潜艇能够替代体积庞大、效费比不高的"台风"级潜艇承担战略核反击的重任，其机动性更好、信息化程度也更高。

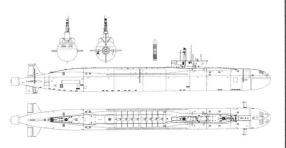

"北风之神"级潜艇结构图

建造历程

"北风之神"级潜艇是"德尔塔"级核潜艇和"台风"级核潜艇的后继型，由俄罗斯红宝石设计局设计。"北风之神"意为希腊神话中的北风之神，俄方代号为 955 级（原为 935 级），俄罗斯称其为"水下核巡洋舰"。首艇"尤里·多尔戈鲁基"号于 1996 年 12 月开工建造，2008 年 2 月下水，2013 年 1 月

开始服役。截至 2020
年 10 月，二号艇至
四号艇都已开始服役，
五号艇已经下水，六
号艇到十号艇仍在建
造之中。

浮在水面的"北风之神"级潜艇

▌▌▌▌▶ 舰体构造

　　"北风之神"级潜艇选择了近似拉长水滴形的流线造型，与"阿库
拉"级潜艇相似。具有这种外形结构的潜艇能够在保证水下高航速的同时，
降低外壳和水流的摩擦，达到降低噪声、减小被敌方声呐系统发现的目的。

"北风之神"级潜艇
的表面专门铺设了一
层厚达 150 毫米的
高效消声瓦，主机等
主要噪声源也安装了
减振基座和隔声罩。

"北风之神"级潜艇在水面航行

▌▌▌▌▶ 战斗性能

　　"北风之神"级潜艇装有 1 座十六联装导弹发射装置，可发射 SS-N-
32 弹道导弹（苏联代号为 R-30）。这种导弹是以"白杨 M"陆基洲际弹道

导弹为基础发展而来，可携带 10 个分导式弹头，最大射程 8300 千米。常规自卫武器方面，"北风之神"级潜艇装备了可发射 SS-N-15 反潜导弹的 6 座 533 毫米鱼雷发射管，SA-N-8 防空导弹和鱼雷等武器，自身防卫作战能力极为强悍。此外，还计划配备速度达 200 节的"暴风"高速鱼雷，这种鱼雷不仅能有效地反潜，还能反鱼雷。

趣 闻 逸 事

　　"北风之神"级潜艇的首艇以尤里·多尔戈鲁基的名字命名，他是基辅大公弗拉基米尔·莫诺马赫的第七个儿子，被认为是莫斯科这个古老城市的奠基人。尤里·多尔戈鲁基曾担任苏兹达尔王公（1125 年起）、佩列亚斯拉夫王公（1135 年）和基辅大公。

侧后方视角

电子设备

　　俄罗斯设计人员在"北风之神"级潜艇的电子作战系统上下了很大功夫，大大缩小了与西方先进水平的差距。该级艇广泛使用了现代电子设备，其内部采用全数字化电子设备和平板显示器。该级艇上还安装了"公共马车"型作战控制指挥系统和"斯卡特"综合声呐系统，后者包括艇首声呐、

舸侧声呐和拖曳线列阵声呐。由于整艘潜艇设备自动化程度大幅提升，艇员人数也随之削减。同时，自动化、数字化也让潜艇的自主巡航时间扩大到100个昼夜，可实现对目标发动突袭。

"北风之神"级潜艇尾部视角

实战掠影

2011 年 11 月 23 日，"尤里·多尔戈鲁基"号潜艇进行了 R-30"圆锤"导弹两发齐射实验，并获得成功。2017年 7 月 30 日，"弗拉基米尔·莫诺马赫"号潜艇出席了在勘察加彼得罗巴浦洛夫斯克举办的海军节活动。

"北风之神"级潜艇左舷视角

"北风之神"级潜艇右舷前方视角

同级概览

舷号	舰名	开工时间	下水时间	服役时间
K-535	"尤里·多尔戈鲁基"号	1996 年 12 月	2008 年 2 月	2013 年 1 月
K-550	"亚历山大·涅夫斯基"号	2004 年 3 月	2011 年 1 月	2013 年 12 月
K-551	"弗拉基米尔·莫诺马赫"号	2006 年 3 月	2012 年 12 月	2014 年 12 月
K-549	"弗拉基米尔大公"号	2012 年 7 月	2017 年 11 月	2020 年 6 月
不详	"奥列格王子"号	2014 年 7 月	2020 年 7 月	2021 年（计划）
不详	"亚历山大·苏沃洛夫大大元帅"号	2014 年 12 月	尚未下水	2022 年（计划）
不详	"亚历山大三世"号	2015 年 12 月	尚未下水	2023 年（计划）
不详	"波扎尔斯基太子"号	2016 年 12 月	尚未下水	2024 年（计划）
不详	"朱可夫元帅"号	2020 年	尚未下水	尚未服役
不详	"罗科索夫斯基元帅"号	2020 年	尚未下水	尚未服役

"尤里·多尔戈鲁基"号潜艇

"亚历山大·涅夫斯基"号潜艇

"北风之神"级潜艇俯瞰图

"海狼" 级潜艇

　　"海狼" 级潜艇是美国于 20 世纪 80 年代研制的攻击型核潜艇，该级艇静音性能较佳，共建造了 3 艘，从 1997 年服役至今。

排名依据

　　"海狼" 级潜艇在设计上堪称潜艇进行反潜作战的极致产物，能长时间在大洋或近海进行反潜巡逻，拥有绝佳的声呐感测能力，并配备数量比 "洛杉矶" 级潜艇多 1 倍的鱼雷管和鱼雷，以长时间进行反潜作业。由于设计变更以及通货膨胀，"海狼" 级三号艇 "吉米·卡特" 号的造价高达 32 亿美元，较前两艘 "海狼" 级潜艇的 20 多亿美元有大幅攀升，是截至 2016 年全世界最昂贵的攻击型核潜艇。正因为造价高昂加上国际形势发生变化，美国海军只建造了 3 艘 "海狼" 级潜艇。

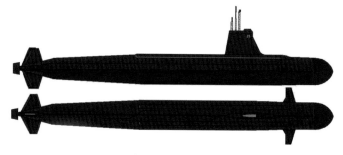

"海狼" 级潜艇结构图

建造历程

为了保持攻击型核潜艇的优势，美国海军从 20 世纪 80 年代中期就开始研制替代"洛杉矶"级的"海狼"级攻击型核潜艇，并于 1989 开始建造。最初美国海军计划在 10 年间以每年 3 艘的速度，建造 29 艘"海狼"级潜艇，后期由于冷战结束、删减国防预算和部分技术问题的原因，造价过于高昂的"海狼"级潜艇建造计划被取消，最终只建成了 3 艘。

三号艇"吉米·卡特"号准备下水

舰体构造

"海狼"级潜艇使用长宽比为 7.7 : 1 的水滴形艇体，接近最佳长宽比。由于艇壳采用 HY-100 高强度钢，下潜深度达到了 610 米。"海狼"级潜艇的舰体比"洛杉矶"级潜艇短而胖，潜航排水量大幅增加至 9000 吨以上，是美国海军体型最大的攻击型核潜艇。以往的美国核潜艇都采用"十"字形舰尾控制翼，而"海狼"级潜艇则采用新的 6 片式尾翼。

侧后方视角

⬛⬛⬛⬛▶ 战斗性能

　　与以往的美国攻击型潜艇相比，"海狼"级潜艇的鱼雷发射管数量、口径和武器搭载量都大幅增加，并为将来换装全新发展的武器预留了空间。该级艇装有 8 座 660 毫米鱼雷发射管，可配装 50 枚 Mk 48 鱼雷（或"战斧"导弹、"鱼叉"导弹），也可换装 100 枚水雷。"海狼"级潜艇能够以低噪声态在水下以 20 节的速度航行，这种功能除了使"海狼"级潜艇更难被侦测到外，也不会因潜艇自身的噪声影响搜寻。值得一提的是，"海狼"级潜艇配有能透过冰层的侦测装置，可在北极冰下海区执行作战任务。

"海狼"级潜艇在水面航行

趣闻逸事

　　"海狼"级潜艇的命名与编号严重打乱了美国海军的命名规则，首艇打破了自"洛杉矶"级潜艇启用的城市命名规则，回归以海洋生物命名的传统。二号舰以康涅狄格州为名，三号舰又以前美国总统吉米·卡特的名字命名。此外，SSN-21 原本只是"海狼"级潜艇的计划代号，后来竟然变成首艇的编号。有趣的是，"海狼"级潜艇的后继者——"弗吉尼亚"级潜艇的首艇编号（SSN-774）又接上了"洛杉矶"级潜艇（最后一艘编号为 SSN-773）。因此，"海狼"级潜艇的编号在美国核潜艇舰队独树一帜，成为异类。

电子设备

　　"海狼"级潜艇配备了先进的声呐与电子系统，最主要的装备为 AN/BQQ-5D 整合式声呐套件，包括舰首主 / 被动球型阵列声呐（音鼓直径高达 6 米，远大于"洛杉矶"级潜艇 BQS-13 球型阵列声呐的 4.6 米）、位于舰身两侧的 AN/BQG-5 宽孔被动阵列声呐，以及 TB-16 和 TB-23 被动式拖曳阵列声呐。此外，舰首还有 1 部 AB/BQS-24 高频近距离主动声呐，用于冰下环境及水雷侦测。之后，AN/BQQ-5D 套件被升级为 AN/BQQ-5E 套件，以更长的 TB-29 拖曳阵列声呐取代了 TB-23。

"海狼"级潜艇的瞭望塔

实战掠影

　　2018 年，"康涅狄格"号潜艇参加了在北极举行的"ICEX 2018"演习。这是数十年来北极规模最大的海底演练之一。在演习期间，"康涅狄格"号潜艇在冰下发射了几枚没有弹头但携带有少量燃料的训练鱼雷。这项演习可让美国海军评估其在北极的作战准备情况，增加在该地区作战的经验，提高对北极环境的了解程度。

"海狼"级潜艇俯瞰图

美国海军"斯坦尼斯"号航空母舰战斗群中的"海狼"级潜艇

同级概览

舷号	舰名	开工时间	下水时间	服役时间
SSN-21	"海狼"号	1989 年 10 月	1995 年 6 月	1997 年 7 月
SSN-22	"康涅狄格"号	1992 年 9 月	1997 年 9 月	1998 年 12 月
SSN-23	"吉米·卡特"号	1998 年 12 月	2004 年 5 月	2005 年 2 月

"康涅狄格"号潜艇

"吉米·卡特"号潜艇下水仪式

"海狼"级潜艇浮出水面

Chapter 06

常规潜艇

　　常规潜艇是用柴油机作为动力源，一边航行一边带动发电机为电池充电。虽然常规潜艇的综合作战性能不如核潜艇，但它具备核潜艇所没有的经济性和安全性，所以仍被世界各国海军广泛使用。本章将详细介绍常规潜艇建造史上影响力最大的 10 种型号，并根据核心技术、综合性能、单位造价、建造数量等因素对其进行客观公正的排名。

> **整体展示** ●

建造数量、服役时间和研制厂商

TOP 10 209 级潜艇	
衍生型号	阿根廷海军 2 艘　巴西海军 5 艘　智利海军 2 艘　哥伦比亚海军 2 艘　厄瓜多尔海军 2 艘　埃及海军 4 艘　希腊海军 8 艘　印度海军 4 艘　印度尼西亚海军 5 艘　韩国海军 9 艘　秘鲁海军 6 艘　南非海军 3 艘　土耳其海军 14 艘　委内瑞拉海军 2 艘
服役时间	1971 年至今
生产厂商	哈德威造船厂　哈德威造船厂创立于 1838 年，总部位于德国石勒苏益格 - 荷尔斯泰因州首府基尔，目前隶属于蒂森•克虏伯船舶系统公司

TOP 9 "哥特兰" 级潜艇	
衍生型号	"哥特兰" 号　"乌普兰" 号　"哈兰" 号
服役时间	1996 年至今
生产厂商	考库姆公司　考库姆公司创立于 1840 年，现隶属于萨博集团。它是瑞典军工体系不可或缺的一部分，一直为瑞典海军提供性能优良的护卫舰、潜艇

TOP 8 "拥护者" 级潜艇	
衍生型号	"拥护者" 号（S40）　"隐匿" 号（S41） "厄休拉" 号（S42）　"独角兽" 号（S43）
服役时间	1990—1994 年
生产厂商	维克斯造船厂　维克斯造船厂创立于 1871 年，总部位于英国英格兰坎布里亚郡的巴罗因弗内斯。1977 年被英国造船公司收购，1995 年转属通用电气公司，1999 年又被英国宇航系统公司收购

TOP 7　"海豚"级潜艇（Dolphin class submarine）	
同级舰艇	"海豚"号　"利维坦"号　"泰库玛"号 "塔宁"号　"拉哈伯"号　"达喀尔"号
服役时间	1998 年至今
生产厂商	哈德威造船厂　哈德威造船厂创立于 1838 年，总部位于德国石勒苏益格 - 荷尔斯泰因州首府基尔，目前隶属于蒂森·克虏伯船舶系统公司

TOP 6　"柯林斯"级潜艇	
同级舰艇	"柯林斯"号（SSG 73）　"法恩科姆"号（SSG 74）　"沃勒"号（SSG 75）　"迪查纽斯科"号（SSG 76）　"希恩"号（SSG 77）　"兰金"号（SSG 78）
服役时间	1996 年至今
生产厂商	考库姆公司　考库姆公司创立于 1840 年，现隶属于萨博集团。它是瑞典军工体系不可或缺的一部分，一直为瑞典海军提供性能优良的护卫舰、潜艇

TOP 5　"鲉鱼"级潜艇	
同级舰艇	印度海军 6 艘　巴西海军 4 艘　智利海军 2 艘　马来西亚海军 2 艘
服役时间	2005 年至今
生产厂商	法国舰艇建造局　法国舰艇建造局创立于 1631 年，总部位于法国巴黎。目前，法国舰艇建造局受法国国防部下属的装备部管辖，统一组织和协调海军装备的设计、生产、试验、维修和改装工作。纳万蒂亚公司是西班牙国有造船企业，也是西班牙规模最大的造船企业，创立于 2005 年 1 月，总部位于西班牙马德里，约有 5500 名员工

TOP 4　"苍龙"级潜艇	
同级舰艇	"苍龙"号（SS-501）　"云龙"号（SS-502）　"白龙"号（SS-503）　"剑龙"号（SS-504）　"瑞龙"号（SS-505）　"黑龙"号（SS-506）　"仁龙"号（SS-507）
服役时间	2009 年至今
生产厂商	三菱重工　三菱重工创立于 1870 年，目前是日本最大的军工生产企业，战机、战舰、坦克等各类军工产品均有涉足

TOP 3 214 级潜艇	
同级舰艇	希腊海军 6 艘 韩国海军 9 艘 葡萄牙海军 2 艘 土耳其海军 6 艘
服役时间	2007 年至今
生产厂商	哈德威造船厂 哈德威造船厂创立于 1838 年，总部位于德国石勒苏益格 - 荷尔斯泰因州首府基尔，目前隶属于蒂森 • 克虏伯船舶系统公司

TOP 2 "基洛"级潜艇	
同级舰艇	俄罗斯海军 30 艘 印度海军 10 艘 越南海军 6 艘 阿尔及利亚海军 4 艘 伊朗海军 3 艘 罗马尼亚海军 1 艘 波兰海军 1 艘
服役时间	1980 年至今
生产厂商	红宝石设计局 红宝石设计局创立于 20 世纪初期，总部位于圣彼得堡。在现俄罗斯三大潜艇设计局中，红宝石设计局是设计潜艇级别最多、建造数量最多和历史最久的设计局

TOP 1 "拉达"级潜艇	
同级舰艇	"圣彼得堡"号（B-585）"喀琅施塔得"号（B-586）"大卢基"号（B-587）
服役时间	2010 年至今
生产厂商	海军部造船厂 海军部造船厂于 1704 年由彼得大帝下令在圣彼得堡创建，并由海军部管理，由此得名海军部造船厂。该造船厂是俄罗斯现存历史最古老、规模最大的造船企业之一

舰体尺寸、动力装置和主要武器

TOP 10　209 级潜艇

533 毫米鱼雷发射管 ×8

柴油发动机 ×4
发电机 ×1

吃水 6.2 米

全长 64.4 米
全宽 6.5 米

TOP 9　"哥特兰" 级潜艇

533 毫米鱼雷发射管 ×4
400 毫米鱼雷发射管 ×2

MTU 柴油发动机 ×2
考库姆 V4-275R "斯特林" 发动机 ×2

吃水 5.6 米

全长 60.4 米
全宽 6.2 米

TOP 8　"拥护者" 级潜艇

533 毫米鱼雷发射管 ×6

帕克斯曼 1600 RPA SZ 柴油发动机 ×2

吃水 5.5 米

全长 70.3 米
全宽 7.6 米

TOP 7　"海豚" 级潜艇

533 毫米鱼雷发射管 ×6
650 毫米鱼雷发射管 ×4

MTU V16 396 SE 84 柴油发动机 ×3
西门子发电机 ×3

吃水 6.2 米

全长 57 米
全宽 6.8 米

TOP 6 "柯林斯" 级潜艇

533 毫米鱼雷发射管 ×6

施奈德双电枢主推进电机 ×1
海德穆拉柴油发电机 ×3

吃水 7 米

全长 77.4 米
全宽 7.8 米

TOP 5 "鲉鱼" 级潜艇

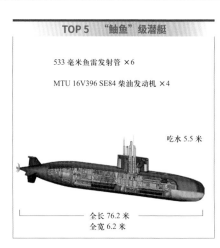

533 毫米鱼雷发射管 ×6

MTU 16V396 SE84 柴油发动机 ×4

吃水 5.5 米

全长 76.2 米
全宽 6.2 米

TOP 4 "苍龙" 级潜艇

533 毫米鱼雷发射管 ×6

川崎 12V25/25SB 柴油发动机 ×2
川崎 4V-275R "斯特林" 发动机 ×4

吃水 8.5 米

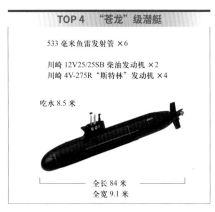

全长 84 米
全宽 9.1 米

TOP 3 214 级潜艇

533 毫米鱼雷发射管 ×8

MTU 16V 396 柴油机 ×2
西门子电机 ×1

吃水 6 米

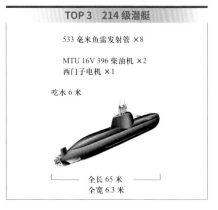

全长 65 米
全宽 6.3 米

TOP 2 "基洛" 级潜艇

533 毫米鱼雷发射管 ×6

4DL-42M 柴油发电机 ×2
PG-141M 推进电动机 ×1

吃水 6.5 米

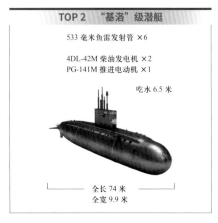

全长 74 米
全宽 9.9 米

TOP 1 "拉达" 级潜艇

533 毫米鱼雷发射管 ×6

D49 柴油发动机 ×2

吃水 6.5 米

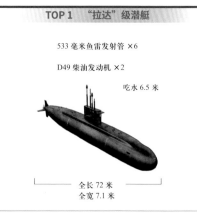

全长 72 米
全宽 7.1 米

基本战斗性能对比

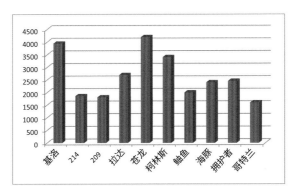

潜航满载排水量对比图（单位：吨）

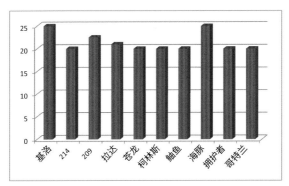

潜航速度对比图（单位：节）

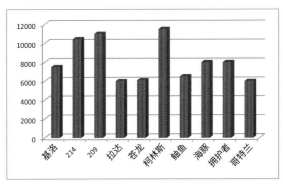

续航距离对比图（单位：海里）

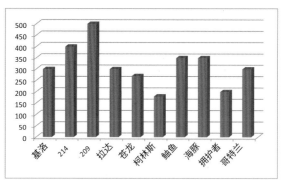

潜航深度对比图（单位：米）

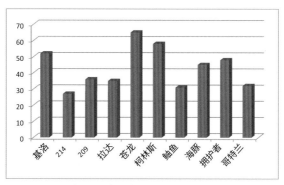

舰员人数对比图（单位：人）

TOP 10 209 级潜艇

209 级潜艇是德国在 20 世纪 70 年代设计并建造的一种柴电动力潜艇，主要用于近岸巡逻和警戒，能执行反潜、反舰、布雷和侦察等任务，还能进行远洋巡逻作战。

排名依据

209级潜艇一共建造了近70艘，已出口到10余个国家，堪称当今世界外销成绩最为出色的常规潜艇。209级潜艇可在最大潜深内发射各型鱼雷，攻击能力强。指控系统也比较先进，作战效能较高。而209级潜艇的价格却相对较便宜，近年来韩国采购的209级潜艇单价约1.9亿美元，大大低于一些国家出口潜艇的价格。

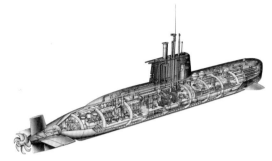

209 级潜艇结构图

建造历程

209 级潜艇由吕贝克公司设计，哈德威造船厂负责建造。由于 209 级潜艇是一种专门为出口而研制的潜艇，因此它根据进口国的要求，有多种变型设计，包括 1100 型、1200 型、1300 型、1400 型、1500 型等。由于 209 级潜艇性能先进，大小和价格适中，因此成功出口到 10 余个国家，包括阿根廷、巴西、智利、哥伦比亚、厄瓜多尔、埃及、希腊、印度、印度尼西亚、韩国、秘鲁、南非和土耳其等。该级艇的首艇是为希腊建造的"灰鱼"号，1968 年 9 月开工建造，1970 年 9 月下水，1971 年 9 月开始服役。

智利海军装备的 209 级潜艇

舰体构造

209 级潜艇各个子型号的吨位、武器设备略有差异，但技术性能大体

相同。该级艇内装
有应急吹除系统，
能在事故发生后使
潜艇迅速浮上水面。
1500 型还在艇的耐
压舱壁旁装有救生
球，直径 2.6 米，可
容纳全部艇员。如
果潜艇沉没，球体
可自行分离，上浮
到水面成为救生艇。

南非海军装备的 209 级潜艇

战斗性能

　　209 级潜艇的主要武器是位于艇首的 8 座 533 毫米鱼雷发射管，可发射包括线导鱼雷在内的各型鱼雷，原来使用 DM-2A1 反舰鱼雷和 DM-1 反潜鱼雷，后全部换为更先进的 SST-4 和 SUT 反舰 / 反潜两用鱼雷。此外，

部分 209 级潜艇
还可发射"鱼叉"
反舰导弹或"吹
管"防空导弹。
209 级潜艇的操控
自动化水平较高，
所需艇员人数大
大减小，比相同
吨位的常规潜艇
减少了 1/3 以上。

在水面航行的 209 级潜艇

趣闻逸事

　　阿根廷海军装备的"圣路易斯"号是唯一参加过战争的209级潜艇,阿根廷称其在马岛战争时携带SST-4鱼雷一直靠近到离英国"无敌"号航空母舰7千米的地方发射了2枚鱼雷,其中一枚瞄准"无敌"号航空母舰,却由于操作失误而失灵,令阿根廷痛惜"一个故障输掉了一场战争"。

209级潜艇编队

9 TOP "哥特兰"级潜艇

　　"哥特兰"级潜艇是瑞典于20世纪90年代设计并建造的常规潜艇,一共建造了3艘,截至2020年10月仍全部在役。

排名依据

　　哥特兰"级潜艇是世界上较早装备"不依赖空气推进"系统的潜艇,该系统能延长潜航时间数天甚至数周之久,并能有效降低传统动力系统运作产生的噪声,在世界常规潜艇发展史上具有里程碑的意义。

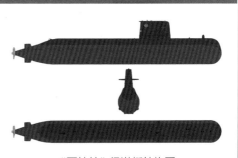

"哥特兰"级潜艇结构图

建造历程

1990 年，瑞典开始研制"哥特兰"级潜艇。首艇"哥特兰"号于 1992 年 11 月开工建造，1995 年 2 月下水，标志着战后常规潜艇技术取得了具有历史意义的突破性进展。瑞典海军一共装备了 3 艘"哥特兰"级潜艇，1996 年至 1998 年每年都有 1 艘入役。

"哥特兰"级潜艇编队

舰体构造

"哥特兰"级潜艇的艇体为长水滴形，采用单壳体结构，其耐压艇体由 HY-80 和 HY-100 高强度合金钢建造。该级潜艇的整个艇体由双层耐压隔壁分为 2 个水密舱，这样可使潜艇的舱室空间得到充分合理的使用，以利于改善艇员的居住和生活条件。该艇的前后密封舱段都分上下 2 层布置，在后舱段中装有"不依赖空气推进"系统及其辅助设备。

侧面视角

▶ 战斗性能

　　"哥特兰"级潜艇携带的武器不仅性能先进，而且种类较多，仅鱼雷就有 3 种，包括 TP2000 型鱼雷、TP613/TP62 型鱼雷以及 TP432/TP451 型鱼雷。TP2000 型鱼雷的航速高达 50 节，航程超过 25 千米，而且具有较大的作战潜深能力。TP613/TP62 型鱼雷的航速高达 45 节，航程约 20 千米。TP432/TP451 型是具备主 / 被动寻装置的线导鱼雷，主要用于自卫。

瑞典海军装备的"哥特兰"级潜艇

趣闻逸事

　　2000年11月初，"哥特兰"级潜艇在大西洋海域进行的一场北约国家军事演习中，凭借"不依赖空气推进"系统的优势，一举击败了美国"火箭"号核潜艇。2004年，瑞典政府接受美国租借"哥特兰"级潜艇的请求，将"哥特兰"号潜艇租借给美国一年时间，用于反潜作战演习。之后，双方又将租期延长了一年。

"哥特兰"级潜艇在水面航行

TOP 8 "拥护者" 级潜艇

　　"拥护者" 级潜艇是英国于 20 世纪 80 年代设计并建造的常规潜艇，一共建造了 4 艘，1990 年进入英国海军服役，几年之后又转售给加拿大海军。

排名依据
拥护者"级常规潜艇充分吸收了英国在核潜艇研制方面的成功经验和先进技术成果，是一级高性能远洋作战潜艇。它既能在大陆架和浅海区活动，也能到北大西洋作战，作战区域可从热带海区到北极海区。"拥护者" 级潜艇能同时携带多种武器，既能执行反潜任务，又能进行反舰作战。  "拥护者" 级潜艇结构图

⫸ 建造历程

　　20 世纪 70 年代末，英国海军开始新一代常规潜艇的研制工作，最初命名为 2400 型潜艇，后来改名为 "拥护者" 级潜艇。原本计划建造 12 艘，最终因经费问题被削减为 4 艘。首艇 "拥护者" 号于 1983 年 11 月开工建造，1986 年 12 月下水，1990 年 6 月开始服役。 "拥护者" 级潜艇在英国海军中的服役时间极短，1994 年 10 月便已全部退役。1998 年，加拿大政府出资 6 亿美元购买了 4 艘退役的"拥护者"级潜艇，并加以改装，随后重新命名为"维多利亚"级潜艇并投入加拿大海军服役。

侧前方视角

▌▌▌▶ ★ 舰体构造

"拥护者"级潜艇为单艇壳的水滴形艇身设计，艇身由高张力钢制成，因此潜航速度较高。"拥护者"级潜艇的艇身宽长比极高，且压力壳直径大，所以艇内拥有两层广阔的甲板。压力壳内分为 3 个水密隔舱间，推进机室与发动机室都位于后段隔舱，发动机室位于推进机具之前，两者之间由隔音舱隔开。

▌▌▌▶ ★ 战斗性能

"拥护者"级潜艇装备 6 座 533 毫米鱼雷发射管，搭载的鱼雷为"虎鱼"Mk 24 线导鱼雷，也可选用较复杂且较快速的"剑鱼"鱼雷。"拥护者"级潜艇还装备了麦克唐纳·道格拉斯公司研制的潜射"鱼叉"反舰导弹，采用主动雷达寻的，射程达 130 千米。

侧后方视角

趣闻逸事

2004年10月5日，最后一艘交给加拿大海军的"拥护者"号（加拿大海军重新命名为"希库蒂米"号）在从英国到加拿大的途中发生火灾，并且造成人员伤亡，失火的"拥护者"号被拖回英国维修。事件后，加拿大政府认为该潜艇设计上有缺陷，随即展开调查，并宣布将其他同级艇进行检查及维护作业。

浮在水面的"拥护者"级潜艇

7 TOP "海豚"级潜艇

"海豚"级潜艇是以色列海军装备的常规潜艇，由德国哈德威造船厂设计建造。该潜艇计划建造 6 艘，截至 2020 年 10 月已有 5 艘服役。

排名依据

"海豚"级潜艇具有良好的流线型艇体，以及先进的声呐和安全系统。与一般西方国家潜艇较为不同，"海豚"级潜艇配备有650毫米鱼雷发射管，大口径发射管可配置水雷、特战人员用水下载具甚至可以潜射巡航导弹。

"海豚"级潜艇结构图

▎▎▎▶ 建造历程

1991 年海湾战争爆发后，以色列与德国签订了 3 艘"海豚"级潜艇的建造合约，其中 2 艘为德国赠送，另外 1 艘为共同出资。首艇"海豚"号在 1998 年开始服役，二号艇"利维坦"号于 1999 年开始服役，三号艇"泰库玛"号于 2000 年开始服役。2006 年，以色列增订 2 艘装有 AIP 系统的改良型"海豚"级潜艇，2011 年再度追加 1 艘。

建造中的"海豚"级潜艇

▎▎▎▶ 舰体构造

"海豚"级潜艇是德国 209 级潜艇和 212 级潜艇的改良型。与 212 级潜艇相似，"海豚"级潜艇最大的特色是多出了一段可供特种兵进出的舱段，还装载了潜水推送器以使执行输送特种部队的任务，能够胜任侦察和渗透作战。"海豚"级潜艇采用 HY-80 高强度钢耐压艇体，具有良好的流线型，并配备了先进的声呐设备和安全系统。

港口中的"海豚"级潜艇

战斗性能

"海豚"级潜艇装有 6 座 533 毫米鱼雷发射管和 4 座 650 毫米鱼雷发射管，能够携带 14 枚 DM2A3"海豹"鱼雷，或 16 枚美制"鱼叉"潜射反舰导弹。外界推测，"海豚"级潜艇可能还具备发射巡航导弹的能力。

侧面视角

趣闻逸事

"海豚"级潜艇中的"利维坦"号、"塔宁"号和"拉哈伯"号等都是以《圣经》中远古海怪的名字来命名，其中"利维坦"是象征邪恶的一种海怪，通常被描述为鲸鱼、海豚或鳄鱼的形状。在基督教中，"利维坦"成为恶魔的代名词，并被冠以七大罪之一的"嫉妒"。

6 TOP "柯林斯"级潜艇

"柯林斯"级潜艇是澳大利亚海军最新型的常规潜艇，一共建造了 6 艘，截至 2020 年 10 月仍全部在役。

排名依据

　　"柯林斯"级潜艇的排水量相对较大，其武器威力、安静性和自动化水平都属世界先进水平，能有效完成反舰、反潜、警戒、搜集情报、布雷和运送潜水员登陆等多种任务。澳大利亚官员称，世界上没有其他常规潜艇在技术方面能超过"柯林斯"级潜艇，在水中，"柯林斯"级潜艇几乎无法被发现。

"柯林斯"级潜艇结构图

建造历程

　　"柯林斯"级潜艇首艇于1996年开始服役，到1999年一共建造了6艘。该潜艇的设计并非由澳大利亚本国完成，而是由瑞典考库姆造船厂设计并参与建造的。2005年，"柯林斯"级的四号艇"迪查纽斯科"号在最大深度潜航时海水涌进引擎室，几乎导致潜艇沉没。

俯瞰"柯林斯"级潜艇

舰体构造

　　"柯林斯"级潜艇采用的是单壳体结构，两层连续甲板。为了提高总体性能，降低艇体重量，艇体用瑞典产的抗拉伸高强度钢制成。这种合金钢比HY-80及HY-100镍铬钢更易焊接和加工。"柯林斯"级潜艇采用圆钝首、尖锥尾的过渡型线型，流线型指挥台围壳上装有水平舵。全艇仅首端和尾端设有主压载水舱，中部为单壳体。

正面视角

战斗性能

"柯林斯"级潜艇的前端配有 6 座 533 毫米鱼雷发射管，能够发射

港口中的"柯林斯"级潜艇

Mk 48 鱼雷，这种鱼雷在 55 节航速时的射程为 38 千米，在 40 节航速时的射程为 50 千米，其弹头重达 267 千克。此外，该潜艇还能发射美制"鱼叉"反舰导弹。"柯林斯"级潜艇一共可以携带 22 枚导弹或鱼雷以及 44 枚水雷。

趣闻逸事

2002年，"柯林斯"级潜艇"希恩"号和美国"洛杉矶"级潜艇"奥林匹亚"号在夏威夷进行为期一周的严格实战演习，双方各自扮演攻守两种角色，并且几乎打成平手。"希恩"号潜艇骗过了"奥林匹亚"号潜艇和2艘美国驱逐舰，其间总共发射28枚鱼雷。

"柯林斯"级潜艇在悉尼附近海域航行

"鲉鱼"级潜艇

"鲉鱼"级潜艇是法国舰艇建造局和西班牙纳万蒂亚公司联合设计建造的常规潜艇,主要用于出口。

排名依据

排名依据:"鲉鱼"级潜艇的外销成绩非常出色,已经成功销往智利、马来西亚、印度和巴西等国。该潜艇操作高度自动化,关键功能的实时分析及冗余设计,使其编制人员可减少到31人,正常值班仅需9人。

"鲉鱼"级潜艇结构图

建造历程

"鲉鱼"级潜艇的设计结合了西班牙的常规潜艇与法国"凯旋"级核潜艇的部分概念,共有3种型号,即标准型、AIP型和缩小型。1997年12月,智利海军订购了2艘"鲉鱼"级潜艇,分别于2005年9月和2006年7月开始服役。2002年6月,马来西亚海军订购了2艘。2005年10月,印度海军订购了6艘。2008年12月,巴西海军订购了4艘。

侧前方视角

▌▌▌▷ ⭐ 舰体构造

　　"鲉鱼"级潜艇采用了"金枪鱼"形的壳体形式，并尽可能减少了体外附属物的数量。艇上主要设备均采取弹性安装，在需要的部位还采用了双层减震。精心设计的螺旋桨有效降低了噪声辐射。由于潜艇的耐压壳体采用高拉伸钢建造，故重量轻，因而艇上可装载更多的燃料和弹药，并能随时根据需要下潜至最大深度。

侧面视角

▌▌▌▷ ⭐ 战斗性能

　　"鲉鱼"级潜艇装有 6 座 533 毫米鱼雷发射管，可发射 18 枚鱼雷或 30 枚水雷。此外，"鲉鱼"级潜艇还可以发射 SM39"飞鱼"反舰导弹。印度海军装备的"鲉鱼"级潜艇与其他国家的潜艇有一定区别，在作战系统和艇员居住舱方面有所改变，以便潜艇能与印度海军其他舰只协同作战。

停泊在港口中的"鲉鱼"级潜艇

趣 闻 逸 事

　　2008年12月，巴西和法国签署了总额为86亿欧元的防务合同。根据计划，法国将为巴西提供50架EC725型军用直升机，帮助巴西建造4艘"鲉鱼"级潜艇和1艘核潜艇，援建1座具有生产和维修能力的潜艇工厂以及1处可供潜艇停靠的海军基地。

"苍龙"级潜艇

　　"苍龙"级潜艇是日本在 21 世纪初期设计并建造的常规潜艇，计划建造 12 艘，截至 2020 年 10 月已有 11 艘正式服役。

排名依据

　　"苍龙"级潜艇是日本第一种采用"不依赖空气推进"（AIP）系统的潜艇，也是日本在二战后建造的吨位最大的潜艇，其排水量在世界现役常规动力攻击型潜艇中名列前茅。

"苍龙"级潜艇结构图

建造历程

从 20 世纪末到 21 世纪初，随着"不依赖空气推进"技术在世界范围内蓬勃发展，日本也在"春潮"级潜艇的最后一艘"朝潮"号上进行了相关实验。在此基础上，日本设计并建造了基于 AIP 技术的新一代常规潜艇，即"苍龙"级潜艇。首艇于 2005 年 3 月开工建造，2007 年 12 月下水，2009 年 3 月开始服役。

"苍龙"级潜艇在港口休整

舰体构造

"苍龙"级潜艇的外形与前一代潜艇"亲潮"级基本相同，后者的指挥台围壳和艇体上层建筑的横截面呈倒"V"字形锥体结构，其艇体和指挥台围壳的侧面敷设了吸声材料，主要目的是提高对敌人主动声呐探测的声隐身性。"苍龙"级潜艇在继承"亲潮"级潜艇这一优点的同时，进一步在艇体上层建筑的外表面也敷设了声反射材料，使潜艇的声隐身性能进一步提升。

"苍龙"级潜艇在水面航行

战斗性能

"苍龙"级潜艇装载的鱼雷和反舰导弹等武器也与"亲潮"级潜艇基

本相同，但是艇上武器装备的管理却采用了新型艇内网络系统。此外，艇上作战情报处理系统的计算机都采用了成熟的商用技术。"苍龙"级潜艇装有 6 座 533 毫米鱼雷发射管，可发射 89 型鱼雷和"鱼叉"反舰导弹。

侧前方视角

趣 闻 逸 事

港口中的"苍龙"级潜艇

　　"苍龙"级潜艇一反日本海上自卫队几十年来为潜艇命名的天文地理名"潮部"规则，舷号为SS-501的首艇以"苍龙"为名，成为日本海军自成立以来，第一艘采用旧日本帝国时代"汉字成语部"（祥瑞动物名）命名的舰艇。

214 级潜艇

214 级潜艇是德国在 209 级潜艇的基础上改进而来的新型常规潜艇，配备了"不依赖空气推进"（AIP）系统。该潜艇计划建造 23 艘，截至 2020 年 10 月已有 14 艘开始服役。

排名依据

214 级潜艇采用模块化建造技术，将武器系统、传感器和潜艇平台紧密结合成为一体，适合完成各种战斗任务，基本代表了目前常规潜艇的最高技术发展水平。

214 级潜艇结构图

建造历程

20 世纪 90 年代后期，德国哈德威造船厂采用 209 级潜艇的设计理念，融合了 212 级潜艇的革新性"不依赖空气推进"技术，设计并建造了 214 级潜艇。截至 2016 年 11 月，214 级潜艇共收到了 23 艘订单，包括希腊海军 6 艘、韩国海军 9 艘、葡萄牙海军 2 艘和土耳其海军 6 艘。其中，韩国海军订购的 214 级潜艇于 2007 年 12 月最先入役，而葡萄牙海军和希腊海军订购的 214 级潜艇则分别于 2010 年 5 月和 2010 年 11 月开始服役。

韩国海军装备的 214 级潜艇

舰体构造

214级潜艇的耐压艇体由 HY-80 和 HY-100 低磁钢建造，强度高、弹性好，理论下潜深度大于 400 米，不易被敌方磁探测器发现。艇体采用光顺设计方案，尽量减少表面开口，开口采用挡板结构以尽可能降低海水的流动噪声。艇体表面有声波吸附材料，减少了潜艇被敌人探测到的概率，增加了自身的声呐探测距离。

港口中的214级潜艇

战斗性能

214级潜艇被设计成可执行包括从近海作战到远洋巡逻等多种任务的舰艇。装备现代化、模块化武器系统，并与传感器融合在一起，再加上"不依赖空气推进"（AIP）系统，使214级潜艇具备多种能力，包括反舰、反潜、监视、侦察、秘密布雷等。该级艇装有 8 座 533 毫米鱼雷发射管，可发射"黑鲨"重型鱼雷和"鱼叉"反舰导弹，鱼雷与反舰导弹装载总数为 16 枚。

葡萄牙海军装备的214级潜艇

趣闻逸事

“不依赖空气推进”（AIP）是指潜艇在水下航行时利用自身携带的氧（通常为液态氧），为热机或电化学发电装置提供燃烧条件，完成能量转换，为潜艇提供推进动力和电能。常规潜艇安装AIP系统后，水下续航力成倍增加，噪声指标明显降低，潜艇的作战效能得到显著的提高。AIP技术是目前世界各潜艇强国研究的主要方向之一，因其所具有的优良性能，各国海军常规潜艇上安装AIP系统已经成为趋势。

2 TOP “基洛”级潜艇

“基洛”级潜艇是苏联时期设计并建造的常规潜艇，首艇于 1980 年开始服役，截至 2020 年 10 月共建成了 72 艘，另有数艘正在建造。

排名依据

自苏联成功研制核潜艇后，对于常规潜艇的研究相对减少，而“基洛”级则是苏联在这一期间研制的最成功的常规潜艇，其改进型更成为世界常规潜艇中的佼佼者，其以火力强大、噪声小而闻名。目前，“基洛”级潜艇是俄罗斯出口量最大的潜艇，同时也是俄罗斯海军的主力常规潜艇。

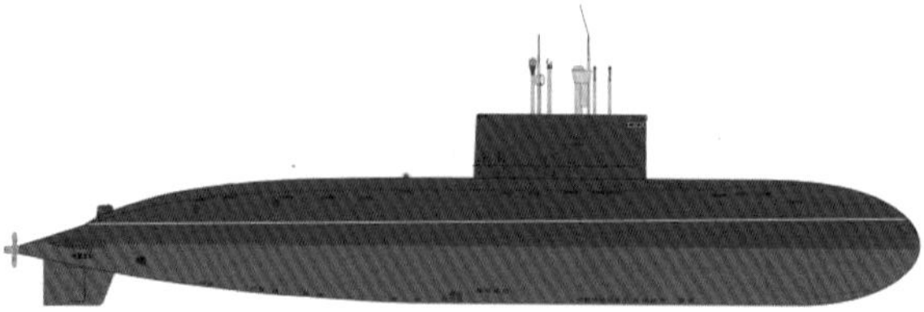

“基洛”级潜艇结构图

║▌▶ 建造历程

1974年，苏联红宝石设计局开始设计"基洛"级潜艇，首艇于1980年3月开工建造，同年12月开始服役。后期的"基洛"级改进型成为柴电动力潜艇中的佼佼者，其静音效果在世界柴电动力潜艇中首屈一指。除俄罗斯海军大量装备之外，"基洛"级潜艇还是国际武器市场的常客，波兰、罗马尼亚、印度、伊朗、越南和阿尔及利亚等国均有采用。截至2020年10月，俄罗斯仍在继续建造"基洛"级潜艇的改进型。

港口中的"基洛"级潜艇

║▌▶ 舰体构造

"基洛"级潜艇采用光滑的水滴形线型艇体，这在苏制常规潜艇中极为少见。该级艇外表短粗，是经过精密计算的最佳降噪形态。艇体为双壳体结构，分为6个耐压舱，储备浮力为30%，任何一个舱位破损都能保持不沉性。潜艇外壳嵌满了塑胶消声瓦，以吸收噪声并衰减敌方主动声呐的声波反射。

侧后方视角

▌▌▌▷ ★ 战斗性能

　　"基洛"级潜艇的艇首设有6座533毫米鱼雷发射管，可发射53型鱼雷、SET-53M 鱼雷、SAET-60M 鱼雷、SET-65 鱼雷、71 系列线导鱼雷等，改进型和印度出口型还可以通过鱼雷管发射"俱乐部 S"潜射反舰导弹。"基洛"级艇内共配备18 枚鱼雷，并有快速装雷系统。6 座鱼雷发射管可在 15 秒内完成射击，2 分钟后再装填完毕，以实施第二轮打击。

"基洛"级潜艇正在休整

趣 闻 逸 事

　　21世纪初, 俄罗斯海军推出了新的"拉达"级常规动力潜艇, 但其建造测试工作极不顺利, 首艇"圣彼得堡"号开工后13年才得以服役, 且仍有许多问题迟迟无法解决。为此, 俄罗斯不得不设法延长现役"基洛"级潜艇的服役期, 甚至开始新造改进型的"基洛"级潜艇。

"基洛"级潜艇在水面航行

电子设备

　　"基洛"级潜艇拥有新型整合式潜艇战斗系统，由 LAMA-EKM 多功能指挥控制系统、OMNIBOMNIBUS-E 多功能指挥管制及显示系统组成。其中，LAMA-EKM 整合了艇上的导航、声呐、雷达、潜航深度测量、机械控制、电力轮机管理等不同功能，其整合讯息显示系统能同时处理 50 个目标，追踪其中的 10 个，一次导控最多 4 枚鱼雷攻击其中 1 ～ 2 个目标，整个射控计算只需 3 秒便能完成。声呐系统方面，"基洛"级潜艇配备了 MGK-400EM 数位化声呐系统、MG-519EM 高频主动避雷声呐。

"基洛"级潜艇右舷视角

实战掠影

　　2008 年 1 月 10 日，印度海军装备的"基洛"级潜艇"辛杜库什"号在孟买附近浮航时与一艘货船发生碰撞意外，"辛杜库什"号潜艇的帆罩受损，使该艇停役一个月进行整修。

　　2013 年 8 月 14 日，一艘停靠在孟买海军造船厂的名为"辛杜拉克沙克"号的印度海军"基洛"级潜艇发生爆炸起火事故，大量官兵跳艇逃生。

"基洛"级潜艇在近海航行

波兰海军装备的"基洛"级潜艇

俄罗斯海军装备的"基洛"级潜艇

"拉达"级潜艇

"拉达"级潜艇是俄罗斯在苏联解体后研制的第一级柴电动力潜艇，北约代号为"圣彼得堡"级。

排名依据

拉达"级潜艇是俄罗斯第四代柴电动力潜艇，较"基洛"级潜艇有较大的发展，俄罗斯官方称"拉达"级潜艇比"基洛"级潜艇更加安静。俄罗斯科研人员和设计师们在该潜艇的研制过程中运用了大量最新的科技成果，使其综合作战效能达到了世界领先水平。由于"拉达"级潜艇采用模块化设计，可根据不同需要建造相应吨位的潜艇，因此具有较高的性价比。

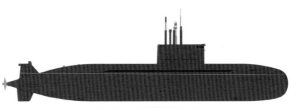

"拉达"级潜艇结构图

║║║▶ 建造历程

　　"拉达"级潜艇的研制工作可追溯到 20 世纪 80 年代末。1989 年，苏联海军授予红宝石设计局一份合同，委托其负责设计新的第四代常规潜艇。之后由于苏联解体，俄罗斯国内需求大大减少，为了生存，红宝石设计局把目光投向国外，希望能在国际市场上找到买家。基于这种想法，根据不同用户需求，红宝石设计局最终完成了"拉达"级潜艇（出口型称"阿穆尔"级潜艇）的设计工作。

　　"拉达"级潜艇首艇"圣彼得堡"号于 2005 年 11 月 29 日下水试航，在 2009 年经过一系列测试后，俄罗斯军方于 2011 年 11 月宣布"拉达"级潜艇远不能达到要求，因此不准备接收，已建成的首艇用作试验平台，后续艇"喀琅施塔得"号和"塞瓦斯托波尔"号的建造都被冻结，直到 2013 年才恢复建造，而"塞瓦斯托波尔"号也被更名为"大卢基"号。

建造中的"拉达"级潜艇

舰体构造

"拉达"级潜艇吸收了"基洛"级潜艇的技术和经验，它选用了更多专门研制的低噪声、低振动设备，大大减少了噪声源。如设备的安装大量地采用了浮筏减振降噪装置，艇内各种管路广泛采用了挠性连接管、消声扩散器、阻尼橡胶层、阻尼支承和吊架、套袖式复合橡胶管等减振隔声装置。整个艇体的外形采用了水滴形流线外形，推进装置采用了7叶大侧斜低噪声螺旋桨并改进了推进轴，艇体外加装了消声瓦并覆盖了消声涂层。

"拉达"级潜艇在水面航行

战斗性能

"拉达"级潜艇装有6具鱼雷发射管，武器载荷为18枚。该级艇在设计上有诸多创新，其中包括1套基于现代数据总线技术的自动化指挥和武器控制系统、1套包含拖曳阵在内的声呐装置以及"基洛"级潜艇上的降噪技术。对外出口型还可加装1个垂直发射舱，可以容纳8具垂直发射管，发射"布拉莫斯"反舰导弹。"拉达"级潜艇装备了高自动化的战斗系统，从而可将艇员减至35人。

港口中的"拉达"级潜艇

趣 闻 逸 事

2013年6月1日俄塔社（俄罗斯最大的国家级通讯社）报道，由红宝石设计局设计的"不依赖空气推进"系统将于2016年生产出第一个全尺寸/分段样机，并于2017年将该系统安装在"拉达"级潜艇的首艇上。

侧面视角

电子设备

　　"拉达"级潜艇在设计上有诸多创新，其中包括 1 套基于现代数据总线技术的自动化指挥和武器控制系统、1 套包含拖曳阵列声呐在内的声呐装置以及"基洛"级潜艇上的降噪技术。作战情报指挥系统采用了新型计算机，处理能力加强，自动化程度高。火控系统能同时解算和攻击 2 个目标，从目标识别到攻击的最短时间只需 15 秒，一次齐射全部鱼雷的时间仅为数分钟。"拉达"级潜艇装有移动式诱饵等多种声对抗防御系统，用于本艇防御。

"拉达"级潜艇右舷前方视角

同级概览

舷号	舰名	开工时间	下水时间	服役时间
B-585	"圣彼得堡"号	1997 年 12 月	2005 年 11 月	2010 年 5 月
B-586	"喀琅施塔得"号	2005 年 7 月	2018 年 9 月	2020 年 11 月
B-587	"大卢基"号	2015 年 3 月	尚未下水	2021 年 11 月（计划）

"拉达"级潜艇正在海试

Chapter 07

两栖舰艇

两栖作战在战争史上一直占据着重要的地位，二战的诺曼底登陆将两栖登陆作战推向了第一个高潮，两栖作战舰艇的发展受到空前重视，时至今日依然热度不减。本章将详细介绍两栖舰艇建造史上影响力最大的 10 种型号，并根据核心技术、综合性能、单位造价、建造数量等因素对其进行客观公正的排名。

> **整体展示** ●

● 建造数量、服役时间和研制厂商

TOP 10 "蓝岭"级两栖指挥舰	
同级舰艇	"蓝岭"号（LCC-19） "惠特尼山"号（LCC-20）
服役时间	1970 年至今
生产厂商	纽波特纽斯造船厂 纽波特纽斯造船厂创立于 1886 年，总部位于美国弗吉尼亚州，它是美国规模最大的私人造船厂，也是美国目前唯一能够建造超级航空母舰的造船厂

TOP 9 "大隅"级坦克登陆舰	
同级舰艇	"大隅"号（LST-4001）"下北"号（LST-4002）"国东"号（LST-4003）
服役时间	1998 年至今
生产厂商	三井造船株式会社 三井造船株式会社创立于 1937 年，总部位于日本东京都。它是日本重要的军事防务供应商，为日本海上自卫队建造了许多水面舰艇

TOP 8 "塔拉瓦"级两栖攻击舰	
同级舰艇	"塔拉瓦"号（LHA-1） "塞班岛"号（LHA-2） "贝劳伍德"号（LHA-3） "拿骚"号（LHA-4） "贝里琉"号（LHA-5）
服役时间	1976—2015 年
生产厂商	英格尔斯造船厂 英格尔斯造船厂位于美国密西西比州帕斯卡古拉市，从 1938 年起就一直是密西西比州最大的私营企业。作为美国海军的主要驱逐舰承建商，它在世界造船领域占有重要地位

TOP 7 "海神之子"级船坞登陆舰	
同级舰艇	"海神之子"号（L14）"堡垒"号（L15）
服役时间	2003 年至今
生产厂商	英国宇航系统公司　英国宇航系统公司是 1999 年 11 月由英国航空航天公司和马可尼电子系统公司合并而成的跨国军火公司，其涵盖的军工产品范围十分广泛

TOP 6 "西北风"级两栖攻击舰	
同级舰艇	"西北风"号（L9013）"雷电"号（L9014）"迪克斯梅德"号（L9015）"萨达特"号（1020）"纳赛尔"号（1010）
服役时间	2005 年至今
生产厂商	法国舰艇建造局　法国舰艇建造局创立于 1631 年，总部位于法国巴黎。目前，法国舰艇建造局受法国国防部下属的装备部管辖，统一组织和协调海军装备的设计、生产、试验、维修和改装工作

TOP 5 "独岛"级两栖攻击舰	
同级舰艇	"独岛"号（LPH-6111）"马罗岛"号（LPH-6112）
服役时间	2007 年至今
生产厂商	韩进重工业公司　韩进重工业公司是一家建设合同承包商，主要从事造船与工程建设业务，造船总部位于釜山，建设工程总部位于首尔

TOP 4 "黄蜂"级两栖攻击舰	
同级舰艇	"黄蜂"号（LHD-1）"艾塞克斯"号（LHD-2）"奇尔沙治"号（LHD-3）"博克瑟"号（LHD-4）"巴坦"号（LHD-5）"好人理查德"号（LHD-6）"硫磺岛"号（LHD-7）"马金岛"号（LHD-8）
服役时间	1989 年至今
生产厂商	英格尔斯造船厂　英格尔斯造船厂位于美国密西西比州帕斯卡古拉市，从 1938 年起就一直是密西西比州最大的私营企业。作为美国海军的主要驱逐舰承建商，它在世界造船领域占有重要地位

TOP 3 "胡安·卡洛斯一世"号多用途战舰	
同级舰艇	"胡安·卡洛斯一世"号（L61）
服役时间	2010 年至今
生产厂商	伊萨尔造船厂　伊萨尔造船厂是西班牙最重要的水面舰艇制造商，总部位于西班牙首都马德里

TOP 2 "圣安东尼奥"级船坞登陆舰	
同级舰艇	"圣安东尼奥"号（LPD-17）"新奥尔良"号（LPD-18）"梅萨维德"号（LPD-19）"格林湾"号（LPD-20）"纽约"号（LPD-21）"圣迭哥"号（LPD-22）"安克拉治"号（LPD-23）"阿灵顿"号（LPD-24）"萨默塞特"号（LPD-25）"约翰·摩西"号（LPD-26）"波特兰"号（LPD-27）"劳德代尔堡"号（LPD-28）"小理查德·麦库尔"号（LPD-29）
服役时间	2006 年至今
生产厂商	诺斯洛普·格鲁曼公司　诺斯洛普·格鲁曼公司于 1994 年由诺斯洛普公司与格鲁曼公司合并而成，是世界上规模最大的军工生产商之一，在雷达制造和海军舰艇制造方面尤其强大

TOP 1 "美利坚"级两栖攻击舰	
同级舰艇	"美利坚"号（LHA-6）"的黎波里"号（LHA-7）
服役时间	2014 年至今
生产厂商	英格尔斯造船厂　英格尔斯造船厂位于美国密西西比州帕斯卡古拉市，从 1938 年起就一直是密西西比州最大的私营企业。作为美国海军的主要驱逐舰承建商，它在世界造船领域占有重要地位

舰体尺寸、动力装置和主要武器

TOP 10 "蓝岭"级两栖指挥舰

八联装"海麻雀"防空导弹系统 ×2
双联装 76 毫米舰炮 ×2
"密集阵"近程防御武器系统 ×2

蒸汽轮机 ×1

吃水 8.8 米

全长 194 米
全宽 32.9 米

TOP 9 "大隅"级坦克登陆舰

"密集阵"近程防御武器系统 ×2
Mk 137 雷达干扰弹发射器 ×4
12.7 毫米机枪 ×2

三井 16V42M-A 柴油发动机 ×2

吃水 6 米

全长 178 米
全宽 25.8 米

TOP 8 "塔拉瓦"级两栖攻击舰

"拉姆"导弹发射装置 ×2
"密集阵"近程防御武器系统 ×2
25 毫米舰炮 ×6
12.7 毫米机枪 ×8

西屋公司涡轮机 ×2

吃水 7.9 米

全长 254 米
全宽 40.2 米

TOP 7 "海神之子"级船坞登陆舰

30 毫米舰炮 ×2
7.62 毫米机枪 ×4
"守门员"近程防御武器系统 ×2

16V 32E 柴油发电机 ×2
4R 32E 柴油发电机 ×2

吃水 7.1 米

全长 176 米
全宽 28.9 米

TOP 6　"西北风"级两栖攻击舰

12.7 毫米机枪 ×4
"西北风"防空导弹发射装置 ×2

瓦锡兰 16 型 V32 柴油发电机 ×3

吃水 6.3 米

全长 199 米
全宽 32 米

TOP 5　"独岛"级两栖攻击舰

"守门员"近程防御武器系统 ×2
二十一联装"拉姆"短程防空导弹发射装置 ×1

16PC2-5 STC 柴油发动机 ×4

吃水 7 米

全长 199 米
全宽 31 米

TOP 4　"黄蜂"级两栖攻击舰

"拉姆"导弹发射装置 ×2
"海麻雀"导弹发射装置 ×2
"密集阵"近程防御武器系统 ×3
Mk 38 型 25 毫米舰炮 ×4
12.7 毫米机枪 ×4

LM2500 燃气轮机 ×2

吃水 8.1 米

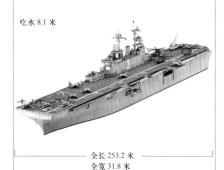

全长 253.2 米
全宽 31.8 米

TOP 3　"胡安·卡洛斯一世"号多用途战舰

20 毫米舰炮 ×4
12.7 毫米机枪 ×4

通用动力 LM2500 燃气轮机 ×1
MAN 3240 16V 柴油发动机 ×2

吃水 6.9 米

全长 230.8 米
全宽 32 米

TOP 2　"圣安东尼奥"级船坞登陆舰

二十一联装"拉姆"防控导弹发射装置 ×2
30 毫米 Mk 46 机炮 ×2
12.7 毫米 Mk 26 机枪 ×4

16PC2-5 STC 柴油发动机 ×4

吃水 7 米

全长 208 米
全宽 32 米

TOP 1　"美利坚"级两栖攻击舰

"改进型海麻雀"导弹发射装置 ×2
"拉姆"导弹发射装置 ×2
"密集阵"近程防御武器系统 ×2
双联装 12.7 毫米重机枪 ×7

通用动力 LM2500 燃气轮机 ×2
辅助推进电机 ×2

吃水 8.7 米

全长 257.3 米
全宽 32.3 米

基本战斗性能对比

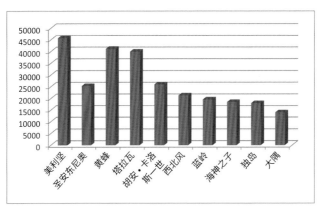

满载排水量对比图（单位：吨）

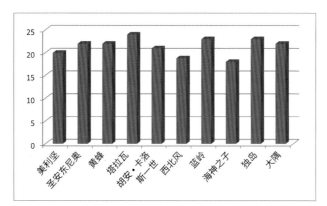

最高航速对比图（单位：节）

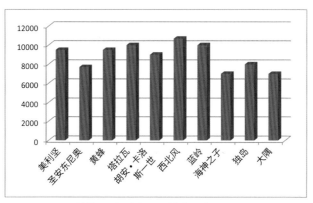

续航距离对比图（单位：海里）

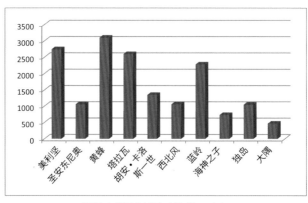

舰员人数对比图（单位：人）

"蓝岭"级两栖指挥舰

"蓝岭"级两栖指挥舰是美国于 20 世纪 60 年代建造的两栖指挥舰,1970 年开始服役。该级舰一共建造了 2 艘,截至 2020 年 10 月仍然全部在役。

排名依据

"蓝岭"级两栖指挥舰是美国自二战以来建造的最大的指挥舰,也是美国海军海上综合作战指挥能力最强的战舰。该级舰的出现使美国海军第一次拥有了功能齐全、性能先进的大型海上指控中心,从而在技术上彻底解决了大规模海上联合作战的指挥问题。

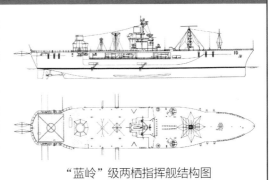

"蓝岭"级两栖指挥舰结构图

建造历程

1964 年 12 月,美国海军制订了"蓝岭"级两栖指挥舰的建造计划。1967 年 2 月,美国费城海军造船厂开始建造这款全新的军舰。1969 年 1 月,首舰"蓝岭"号在美国费城海军造船厂下水,次年 11 月加入美国海军服役。经过一段时间的试验,"蓝岭"号于 1979 年 10 月正式成为美国海军第 7 舰队的旗舰。二号舰"惠特尼山"号 1971 年 1 月服役,成为美国海军第 6 舰队的旗舰。

左舷视角

舰体构造

　　"蓝岭"号两栖指挥舰甲板布置比较特殊，其上层设施集中配置在甲板中部，与烟囱为一体，形成了 1 个大型舰桥。上层设施的前部是 1 个大型四脚桅杆，后部是 1 个筒形桅杆，甲板尾部设有 1 个直升机起降平台，可以停放 1 架中型直升机，但没有设置机库。为了保障两栖作战中指挥员离舰上岸的需要，在舰体中部甲板下有 3 个约占舰体长度 1/2 的凸出部分，存放了 3 艘人员登陆艇和 2 艘车辆登陆艇。

俯瞰图

战斗性能

　　与美国海军老一代的旗舰相比，"蓝岭"级两栖指挥舰基本不具备执行其他任务的能力，完全是一艘专用的舰队指挥舰。"蓝岭"级两栖指挥舰的舰载武器较少，最初仅有 2 座八联装"海麻雀"防空导弹系统和 2 门双联装 76 毫米舰炮，1987 年的现代化改装中又加装了 2 座"密集阵"近程防御武器系统。上甲板尾部设有 1 个直升机起降甲板，可以停放 1 架中型直升机，但没有设置机库。

　　"蓝岭"级两栖指挥舰的"旗舰指挥中心"是 1 个大型综合通信及信息处理系统，它与 70 多台发信机和 100 多台收信机连接在一起，同 3 组卫

侧前方视角

星通信装置相通，可以每秒 3000 个词的速度同外界进行信息交流。接收的全部加密信息可自动进行翻译，通过舰内自动装置将译出的电文送到指挥人员手中，同时可将这些信息存储在综合情报中心的计算机中。

趣 闻 逸 事

　　"蓝岭"级两栖指挥舰得名于美国蓝岭山脉，该山脉是阿帕拉契山脉的一部分，绵亘 990 千米，宽 8 ～ 105 千米。首舰"蓝岭"号是美国海军第七舰队的旗舰，该舰队是美国海军辖下的远洋舰队之一，成立于 1943 年 3 月。自成立以来，第七舰队参加过多场战争，除了二战，还有越南战争和海湾战争等。

航行中的"蓝岭"级两栖指挥舰

"大隅"级坦克登陆舰

"大隅"级坦克登陆舰是日本于 20 世纪 90 年代后期设计并建造的坦克登陆舰，共建造了 3 艘。1998 年开始服役，截至 2020 年 10 月仍然全部在役。

排名依据

"大隅"级坦克登陆舰的使用突破了日本海上自卫队以往登陆舰单一的抢滩登陆模式，它既可凭借气垫登陆艇抢滩登陆，又可以借助舰载直升机实施垂直登陆。不过，"大隅"级坦克登陆舰没有高强度航空器操作能力，没有与两栖突击舰或航空母舰同级的航空管制、战役指挥等能力。

"大隅"级坦克登陆舰结构图

建造历程

日本海上自卫队将"大隅"级归类为运输舰，但是它并没有前开的战车进出大门，也不能直接登陆沙滩，功能上接近两栖攻击舰。首舰"大隅"号于 1996 年 11 月 18 日下水，1998 年 3 月开始服役。二号舰"下北"号于 2000 年 11 月下水，2002 年 3 月开始服役。三号舰"国东"号于 2001 年 12 月下水，2003 年 2 月开始服役。

二号舰"下北"号

舰体构造

"大隅"级坦克登陆舰采用隐形设计方式，没有前开门，主要搭载直升机和气垫登陆艇，并装备 2 座"密集阵"近程防御武器系统。主舰体横断面呈"V"形，舰首有较大的前倾斜度，两舷外飘。上层设施呈倒"V"形结构，采用向内倾斜角度。这些举措有助于减小雷达反射波强度，以取得较好的隐形效果。

俯瞰"大隅"级坦克登陆舰

战斗性能

"大隅"级坦克登陆舰可运载 330 名作战人员（不含舰员）、10 辆 90 式主战坦克（或 1400 吨物资）、2 艘 LCAC 气垫登陆艇。升降机可起降中型直升机，甲板可临时停放 2 架中型直升机。除了 2 座"密集阵"近程防御武器系统，"大隅"级坦克登陆舰还装有 4 座 Mk 137 雷达干扰弹发射器。

侧前方视角

趣闻逸事

依照日本海上自卫队的命名规则，"大隅"级采用岛名作为命名准则，分别得名于大隅群岛、下北半岛、国东半岛。其中，大隅群岛是琉球群岛北部的一个群岛，行政权属于日本鹿儿岛县，旧时为令制国大隅国的领地。

左舷视角

"塔拉瓦"级两栖攻击舰

"塔拉瓦"级两栖攻击舰是美国于20世纪70年代设计并建造的大型通用两栖攻击舰，一共建造了5艘，1976年5月开始服役，2015年3月全部退役。

排名依据

"塔拉瓦"级两栖攻击舰用途广泛，可作为直升机攻击舰、两栖船坞运输舰、登陆物资运输舰和两栖指挥舰使用，能完成4～5艘登陆运输舰的任务。由于"塔拉瓦"级将登陆兵力及其装备（如直升机、登陆艇和各种车辆等）按比例地装在一艘舰上，故可避免因一艘专用运输舰被击沉而丧失登陆部队的作战能力。

"塔拉瓦"级两栖攻击舰结构图

建造历程

20世纪60年代，美国海军认识到船坞登陆舰和其他运输舰已不能充分保证海军加强陆战营（登陆第一梯队的基本战术单位）及其装备实现迅速海运和上岸的目标。因此，开始大力研制新型通用两栖攻击舰。在1969

年财政年度新舰建造计划中，批准建造"塔拉瓦"级两栖攻击舰，原计划

建造 9 艘，后决定建造 5 艘。首
舰"塔拉瓦"号于 1971 年 1 月开工，
1973 年 12 月下水，1976 年 5 月
开始服役，2009 年 3 月退役。五
号舰"贝里琉"号于 1980 年 5 月
开始服役，2015 年 3 月退役。

俯瞰"塔拉瓦"级两栖攻击舰

舰体构造

　　"塔拉瓦"级两栖攻击舰的外形类似二战时期的航空母舰，采用通长甲
板，高干舷，甲板下为机库。甲板整体为方形，舰首略窄。舰右侧岛式设施
较长，只有 1 座，前后设置 2 个低桅杆，前桅杆后方和后桅杆前方有 2 级烟囱。

2 部升降机分别位于左侧船舷后部
级船尾。"塔拉瓦"级两栖攻击舰
的主要任务是运载海军陆战队的 1
个加强营（约 2000 人）及其装备，
以支援登陆战。由于舰上设有指挥
控制部，并装有先进的电子设备，
因此还具有指挥舰的作用。

航行中的"塔拉瓦"级两栖攻击舰

战斗性能

　　"塔拉瓦"级两栖攻击舰武器多、威力大，装备有防空导弹、机载反
舰导弹和近程防御武器系统以及直升机和垂直 / 短距起降飞机，形成远、
中、近距离结合和高、中、低一体的作战体系，具有防空、反舰和对岸火
力支援等能力。"塔拉瓦"级可搭载 1700 余名登陆作战人员，舰上可装

载 4 艘 LCU-1610 通用登陆艇（或
17 艘 LCM-6 机械化部队登陆艇，
或 45 辆履带式登陆车）、6 架
AV-8B "海鹞"攻击机，也可根据
任务装载其他种类直升机（19 架
CH-53D "海种马"直升机或 26
架 CH-46D/E "海骑士"直升机）。

侧前方视角

趣 闻 逸 事

　　由于"塔拉瓦"级两栖攻击舰上的指挥和控制部位较多（如登陆特混舰队指挥官控制中心、登陆部队作战控制中心、战术空中协调中心和换乘控制中心等），并装有大量电子设备（如登陆战综合战术数据系统等），所以在登陆战中海陆空三军协同行动时，可作为两栖指挥舰使用。

侧后方视角

尾部视角

"海神之子"级船坞登陆舰

　　"海神之子"级船坞登陆舰是英国于 20 世纪 90 年代末设计并建造的船坞登陆舰，一共建造了 2 艘，截至 2020 年 10 月仍全部在役。

排名依据

　　"海神之子"级船坞登陆舰是英国海军两栖舰队的旗舰，也是英国海军第一种采用全电推进设计的舰船。该级舰可利用登陆艇和直升机登上海岸，也可以通过集成的指挥、控制和通信系统协调两栖作战行动。

"海神之子"级船坞登陆舰结构图

建造历程

　　1991 年，英国海军决定建造"海神之子"级船坞登陆舰，以代替 2 艘现有的两栖船坞登陆舰。该级舰的建造合同于 1996 年 7 月 18 日签发，1997 年 11 月 17 日动工建造。首舰"海神之子"号于 2003 年 6 月开始服役，二号舰"堡垒"号于 2004 年 12 月开始服役。

高速航行的"海神之子"级船坞登陆舰

舰体构造

　　"海神之子"级船坞登陆舰的上层设施集中布置在舰体前部，主要设置指挥控制舱和医疗救护舱。指挥控制舱在上层设施的前部，便于瞭望和指挥。医疗救护舱在上层设施的后部，便于运送伤病员并及时进行抢救。上层设施后方是 2 个直升机飞行甲板，能够停放重型战机。飞行甲板之下是陆战队员住舱，陆战队员住舱之下是船坞，船坞前设有车辆甲板。

俯瞰"海神之子"级船坞登陆舰　　　　"海神之子"级船坞登陆舰右舷视角

 战斗性能

　　"海神之子"级船坞登陆舰的自卫武器为 2 门 30 毫米舰炮、4 挺 7.62 毫米机枪以及 2 座"守门员"近程防御武器系统。尽管"海神之子"级船坞登陆舰的舰载机数量不多，难以进行较强的垂直登陆作战，但携带有多种登陆装备，除登陆车辆外，还有登陆艇，具有较强的舰到岸平面登陆作战能力。尤其是该舰能接近登陆滩头作战，便于第一波登陆部队抢滩登陆，为后续部队建立稳固的滩头阵地。

后方视角

趣 闻 逸 事

　　"海神之子"级船坞登陆舰得名于英国神话中海神波塞冬之子——巨人阿尔比恩（Albion），他勇猛无惧，为世人所敬佩。阿尔比恩也是不列颠岛的古称，据说阿尔比恩在一个岛屿上建立了自己的国家并让自己的族群逐渐繁衍开来，其后代为了纪念这位领袖，就将他们居住的岛屿命名为阿尔比恩。

港口中的"海神之子"级船坞登陆舰

"西北风"级两栖攻击舰

　　"西北风"级两栖攻击舰是法国于 20 世纪 90 年代末设计并建造的两栖攻击舰，法国海军一共装备了 3 艘，从 2005 年服役至今。

排名依据

　　"西北风"级两栖攻击舰是法国海军现役最新一级的两栖攻击舰，也是法国海军两栖作战与远洋投送的主力舰艇。该级舰是法国海军第一种采用整合式电力推进系统的舰艇。由于法国已经拥有传统起降航空母舰，所以"西北风"级两栖攻击舰并没有像西班牙"胡安·卡洛斯一世"号和美国"黄蜂"级一样保有垂直起降战机的操作能力。

"西北风"级两栖攻击舰结构图

建造历程

为了取代老旧的"闪电"级船坞登陆舰并健全两栖作战能力，法国舰艇建造局在 1997 年制订"多功能两栖攻击舰"计划，打算发展新的多功能两栖攻击舰艇。其成果就是"西北风"级两栖攻击舰，法国海军一共装备了 3 艘，首舰于 2005 年 12 月开始服役，三号舰于 2012 年 3 月开始服役。此外，埃及海军也购买了 2 艘"西北风"级两栖攻击舰。

正面视角

舰体构造

"西北风"级两栖攻击舰的舰体采用模块化方式建造，该建造方式可节省建造时间，全舰分为 4 个大型模块船段（前、后、左、右），其中舰体后半部以军规建造，前半部则依照民间规格以降低成本。为了增强抵抗战损的能力，"西北风"级采用双层船壳构造方式，拥有简洁的整体造型，上层设施与桅杆均为封闭式设计，烟囱整合于后桅杆结构后方，部分部位采用能吸收雷达波的复合材料，能降低整体雷达截面积与红外线信号。

航行中的"西北风"级两栖攻击舰

战斗性能

　　"西北风"级两栖攻击舰有长方形全通式飞行甲板，飞行甲板面积为5200平方米，设有6个直升机停机点。该级舰设有900名陆战队员的运载空间（远程航行至少可以居住450名陆战队员），并设有1个拥有69个床位的舰上医院。"西北风"级两栖攻击舰可运载16架以上NH90或"虎"式武装直升机以及70辆以上车辆，其中包含13辆主战车的运载维修空间。自卫武器方面，装有2座"西北风"防空导弹发射装置以及4挺12.7毫米机枪。

侧前方视角

趣闻逸事

　　2009年，俄罗斯决定从法国购买4艘"西北风"级两栖攻击舰，若交易达成，这将成为当代俄罗斯海军获得的第一种外国军舰，同时也是俄罗斯国防部最大的一笔海外军购。2013年10月15日，俄罗斯"西北风"级两栖攻击舰首舰"符拉迪沃斯托克"号在位于大西洋海岸的法国圣纳泽尔市举行下水仪式。2014年乌克兰危机发生后，法国宣布不再售予俄罗斯原先订购的"西北风"级两栖攻击舰。2015年8月，俄罗斯总统助理透露法国将为此赔付俄罗斯近12亿欧元（约85亿元人民币）。

右舷视角

"独岛"级两栖攻击舰

"独岛"级两栖攻击舰是韩国设计并建造的两栖攻击舰，外观与轻型航空母舰相似，计划建造 2 艘，首舰于 2007 年开始服役。

排名依据

"独岛"级两栖攻击舰拥有完善的功能，其将两栖攻击舰、船坞登陆舰、大型运输舰、灾害救护船的功能集于一身，能于全球大多数水域作业。该级舰有完善的"指管通情"系统，能执行两栖、水面、空中乃至于反潜作战中相关的指挥、控制、通信、情报搜集、监视等作业。拥有"独岛"级两栖攻击舰之后，韩国海军的两栖武力投送能力有了相当大的质变与量变。

"独岛"级两栖攻击舰结构图

建造历程

20 世纪 90 年代，韩国开始大力扩充海军力量，除了备受瞩目的 KDX-1/2/3 驱逐舰以及获得德国授权生产的 209 级与 214 级常规动力潜艇之外，还有被命名为 LP-X 的大型两栖直升机攻击舰，即"独岛"级两栖攻击舰。该级舰原计划建造 3 艘，后来有 1 艘被取消。首舰"独岛"号于 2002 年

10 月开工，2005 年 7 月下水，2007 年 7 月正式服役，目前是韩国海军的旗舰。二号舰命名为"马罗岛"号，2018 年 5 月 14 日下水，计划在 2020 年内开始服役。

侧前方视角

舰体构造

　　"独岛"级两栖攻击舰有一条与舰身等长的飞行甲板，右舷边上建有一座堡垒式梯形结构的舰岛，建筑外壁呈向内倾斜 8°。舰上暴露的各个部位大多由倾斜的多面体组成，在脆弱部位加装装甲钢板用以强化防护能力。"独岛"级使用钢质舰体，舰首部分略带舷弧，具有良好的压浪性能，减小了舰体的摇摆幅度。不过，"独岛"级两栖攻击舰的雷达由于设计不良，很有可能造成其甲板反射雷达信号进而产生假性目标的后果。

"独岛"级两栖攻击舰（近）与"尼米兹"级航空母舰（远）

战斗性能

　　"独岛"级两栖攻击舰可起降直升机或短距／垂直起降战斗机，但没有装置协助飞机起飞的"滑跃"甲板。武装方面，"独岛"级装备了 2 种防空自卫武器，第一种是荷兰"守门员"近程防御武器系统，第二种则是美制"拉姆"短程防空导弹发射装置。

"独岛"级两栖攻击舰与舰载直升机

独岛"级两栖攻击舰以地名命名，独岛是位于北纬 37°14'、东经 131°51' 的两个岛屿，韩国称独岛，日本称竹岛。二号舰"马罗岛"号得名于韩国南端的马罗岛，其面积为 0.3 平方千米，海岸线长 4.2 千米，最高点海拔 39 米。

"独岛"级两栖攻击舰左舷视角

"黄蜂"级两栖攻击舰

"黄蜂"级两栖攻击舰是美国于 20 世纪 80 年代中期开始建造的两栖攻击舰，首舰于 1989 年开始服役。该级舰一共建造了 8 艘，截至 2020 年 10 月仍全部在役。

排名依据

"黄蜂"级两栖攻击舰是基于"塔拉瓦"级两栖攻击舰设计，但相较于"塔拉瓦"级能使用更先进的舰载机和登陆艇。"黄蜂"级几乎能运输一整支美国海军陆战队远征部队，并通过登陆艇或直升机在敌方领土纵深或前沿作战。在后续的"美利坚"级两栖攻击舰服役前，"黄蜂"级是世界两栖舰艇中吨位最大、搭载直升机最多的一级。

"黄蜂"级两栖攻击舰结构图

▶ 建造历程

20 世纪 80 年代，美国海军为了取代老旧的"硫磺岛"级两栖攻击舰，以"塔拉瓦"级两栖攻击舰的为设计基础发展出"黄蜂"级，首舰"黄蜂"号于 1989 年开始服役。该级舰的主要任务是支援登陆作战，其次是执行制海任务。"黄蜂"级一共建造了 8 艘，大多是继承美国海军历史上的著名军舰而命名，如"黄蜂"号、"埃塞克斯"号的前身都是二战著名航空母舰。此外，还有少数以著名战役为命名依据。

三号舰"奇尔沙治"号左舷视角

▶ 舰体构造

"黄蜂"级两栖攻击舰的外形与"塔拉瓦"级两栖攻击舰相似，且使用相同的动力系统，但是"黄蜂"级在设计与概念上有重大改良，并且功能更多。"黄蜂"级无须接近滩头便能进行攻击任务，因此并未像"塔拉瓦"级一般装置 Mk 45 舰炮，飞行甲板可用面积得到增加，这是两级舰在外观上的主要区别之一。与"塔拉瓦"级相同，"黄蜂"级拥有 2 座供运送航空器用的大型升降机，皆为甲板边缘升降机。为了使舰船宽度满足通过巴拿马运河的要求，升降机可以进行折叠。

侧前方视角

◆ 战斗性能

在标准的搭载模式下，"黄蜂"级两栖攻击舰的舰载机阵容为4架CH-53运输直升机、12架CH-46运输直升机、4架AH-1W攻击直升机、6架AV-8B垂直起降攻击机、2架UH-1N通用直升机，机队总数在30架左右。在突击模式下，舰上可搭载42架CH-46运输直升机。在操作MV-22倾转旋翼机时，"黄蜂"级两栖攻击舰可以容纳12架。

"黄蜂"级两栖攻击舰侧后方视角

趣闻逸事

"黄蜂"级两栖攻击舰的五号舰"巴坦"号采用了模块化建造和预安装的方式，在下水时就已完工近75%。该舰也是第一艘建造时就有女性专用舱室（而不是建成后再改造）的两栖攻击舰，女性专用铺位可供多达450名海军或海军陆战队女兵使用。

"黄蜂"级两栖攻击舰首舰"黄蜂"号

"胡安·卡洛斯一世"号多用途战舰

"胡安·卡洛斯一世"号是西班牙自主设计并建造的多用途战舰，西班牙将其定位为"战略投送舰"，2010年9月开始服役。

排名依据

"胡安·卡洛斯一世"号的功能较为完善，同时兼具轻型航空母舰和船坞登陆舰的特性，能容纳和操作垂直起降飞机、直升机、两栖登陆载具、车辆等多种装备。此外，"胡安·卡洛斯一世"号也是西班牙海军第一种采用电力推进的舰艇。

"胡安·卡洛斯一世"号多用途战舰结构图

建造历程

为了弥补"加里希亚"级两栖船坞登陆舰的不足，西班牙海军在2001年提出要建造吨位更大、装载能力和作战能力更强的两栖战舰，并称其为"战略投送舰"（SPS）。2003年9月10日，伊萨尔造船厂开始设计这种新型军舰，同年10月西班牙海军正式订购1艘。2005年5月，设计工作完成并开始建造。2010年9月，"胡安·卡洛斯一世"号正式服役。

港口中的"胡安·卡洛斯一世"号

▌▌▌▷ 舰体构造

　　不同于通常的两栖登陆舰，"胡安·卡洛斯一世"号拥有专供战机起飞的"滑跃"甲板，因此也能被归类于航空母舰。该舰由上而下分为 4 层：大型全通飞行甲板层、轻型车库和机库层、船坞和重型车库层、居住层。总的来说，"胡安·卡洛斯一世"号的设计更注重适航性、装载能力和自给力，而不太注重航行速度。

航行中的"胡安·卡洛斯一世"号

▌▌▌▷ 战斗性能

　　"胡安·卡洛斯一世"号装有 4 门 20 毫米机炮与 4 挺 12.7 毫米机枪等武器，并且预留了加装防空导弹垂直发射系统或美制"拉姆"短程防空导弹的空间。按照其设计标准，该舰的下甲板机库能容纳 12 架中型直升机或 8 架 F-35B 等级的垂直 / 短距起降战机。机库前方可储存货物或轻型运输工具，而车库可容纳 100 辆轻型车辆。

"胡安·卡洛斯一世"号舰首视角

趣闻逸事

　　"胡安·卡洛斯一世"号多用途战舰得名于西班牙前任国王胡安·卡洛斯一世，他出生于罗马，1975 年 11 月 27 日即位成为西班牙国王。2014 年 6 月 18 日，胡安·卡洛斯一世在西班牙首都马德里签署法令，正式宣告退位。

俯瞰"胡安·卡洛斯一世"号

"圣安东尼奥"级船坞登陆舰

"圣安东尼奥"级船坞登陆舰是美国正在建造的新一代船坞登陆舰，计划建造 26 艘，首舰于 2006 年开始服役。

排名依据

"圣安东尼奥"级船坞登陆舰是 21 世纪上半叶美国海军新锐主力之一，该级舰整合了坦克登陆舰、货物运输舰、船坞登陆舰和船坞运输舰的功能，可满足未来美国海军快速应付区域冲突、将两栖陆战队运送上岸的任务。相较于以往的两栖舰艇，"圣安东尼奥"级船坞登陆舰更注重减少对友军岸上设施的依赖、降低人力需求、减低作业成本、保留未来改良空间以及提高独力作战能力，特别是自卫能力。

"圣安东尼奥"级船坞登陆舰结构图

▎▎▎▶ 建造历程

　　1993 年 1 月 11 日，美国国防采购委员会批准了 LP-X（LPD-17）计划。它是美国海军为实施其"由海向陆"新战略而建造的第一批新战舰之

一，是第一种根据美国海军陆战队"舰对目标机动作战"而设计的两栖战舰，计划建造 12 艘。首舰"圣安东尼奥"号于 2003 年 7 月下水，2006 年 1 月服役。截至 2020 年 10 月，"圣安东尼奥"级船坞登陆舰共有 11 艘建成服役。

三号舰"梅萨维德"号

▎▎▎▶ 舰体构造

　　"圣安东尼奥"级船坞登陆舰使用先进的封罩式桅杆 / 雷达系统（AEM/S），将包括 SPS-48E 对空搜索雷达在内的收发天线藏在 AEM/S 塔状外罩内，大幅增强了隐身性，也可避免装备受海水损害或外物损伤。该级舰有 3 个总面积达 2360 平方米的车辆甲板、3 个总容量 962 立方米的货舱、1 个容量 119 万升的 JP5 航空燃油储存舱、1 个容量达 3.8 万升的车辆燃油储存舱及

1 个弹药储存舱，可为登陆部队提供充分的后勤支援。舰内设有 1 个全通式泛水坞穴甲板，由舰尾升降闸门出入，可停放 2 艘 LCAC 气垫登陆艇或 1 艘 LCU 通用登陆艇，位于舰体中部、紧邻坞穴的部位可停放 14 辆新一代先进两栖突击载具。

"圣安东尼奥"级船坞登陆舰左舷前方视角

战斗性能

"圣安东尼奥"级船坞登陆舰能搭载海军陆战队的各种航空器，包括 CH-46 中型运输直升机、CH-53 重型运输直升机或 MV-22 倾转旋翼机。其自卫武器为 2 座二十一联装"拉姆"防空导弹发射装置、2 门 30 毫米 Mk 46 机炮、4 挺 12.7 毫米 Mk 26 机枪，此外还预留了 2 座八联装 Mk 41 导弹垂直发射系统的空间。

港湾中的"圣安东尼奥"级船坞登陆舰

趣闻逸事

"圣安东尼奥"级船坞登陆舰前九艘延续美国海军以城市来命名船坞登陆舰的传统，其中八号舰"阿灵顿"号（USS Arlington）、九号舰"萨默塞特"号（USS Somerset）都是为了纪念 2001 年 9 月 11 日的"9•11"事件。其中，阿灵顿是被攻击的五角大厦所在的城市名，萨默塞特则是联合航空 93 号班机坠毁地点所在的萨默塞特郡，以纪念联合航空 93 号上英勇抵抗恐怖分子的乘客。

航行中的"圣安东尼奥"级船坞登陆舰

▌▶ 电子设备

　　"圣安东尼奥"级船坞登陆舰拥有船舰自卫作战系统（SSDS），可整合舰上所有的雷达与电子战系统以统合整理精确的目标资料，并指挥"改进型海麻雀"导弹与"拉姆"短程防空导弹进行接战，防空自卫能力较以往的两栖舰艇大幅增加。

　　SSDS 是美国海军第一套真正实现全分散架构的舰载战斗系统，此系统通过 SAFENET 光纤区域网络整合舰上所有防空作战相关的侦搜、追踪、火控与武器系统，包括 AN/SPS-48E 对空搜索雷达、AN/SPQ-9B 追踪雷达、AN/SAR-8 红外线追踪瞄准系统、AN/SLQ-32(V) 电子战系统、MK 36 干扰火箭发射装置、"密集阵"近程防御武器系统、"改进型海麻雀"防空导弹的火控系统、"拉姆"导弹发射装置以及负责统一监控的 AN/UYQ-70 先进显控台等。每个次系统均拥有各自的模块化网络连接单元（LAU），负责执行运算处理以及网络连接工作。

"圣安东尼奥"级船坞登陆舰正前方视角

实战掠影

2008 年初，首舰"圣安东尼奥"号进行第一次正式勤务，由于舰尾舱门故障无法关上，延迟了 48 小时才修复出港。同年 8 月，该舰进入中东海域第一次实战部署。然而到 10 月底，"圣安东尼奥"号却发生推进系统的润滑油供应系统严重漏油，有火灾危险，被迫在 10 月 31 日进入巴林的美国海军基地。美国海军立刻派遣约 30 名技术人员赶赴巴林，就地为"圣安东尼奥"号展开维修。历经 25 天的整修之后，"圣安东尼奥"号才在 11 月 25 日从巴林启航，返回美国。这次整修耗资 140 万美元，出问题的原因在于润滑系统相关管路安装、材质用料与焊接都不合格。

2009 年 3 月 20 日，二号舰"新奥尔良"号在波斯湾霍尔木兹海峡与"洛杉矶"级潜艇"哈佛特"号发生碰撞，"哈佛特"号的帆罩部位正面撞上"新奥尔良"号，导致其正面破损，与舰体连结处破裂进水，整个帆罩微微向右歪曲，舰上有 15 人受到轻伤；而"新奥尔良"号被撞后油槽破裂，造成大量燃油外泄。事发后两艘舰艇都以自身动力返港整修。

"圣安东尼奥"级船坞登陆舰及其搭载的直升机

"圣安东尼奥"级船坞登陆舰侧前方仰视图

同级概览

舷号	舰名	开工时间	下水时间	服役时间
LPD-17	"圣安东尼奥"号	2000 年 12 月	2003 年 7 月	2006 年 1 月
LPD-18	"新奥尔良"号	2002 年 10 月	2004 年 12 月	2007 年 3 月
LPD-19	"梅萨维德"号	2003 年 2 月	2004 年 11 月	2007 年 12 月
LPD-20	"格林湾"号	2003 年 8 月	2006 年 8 月	2009 年 1 月
LPD-21	"纽约"号	2004 年 9 月	2007 年 12 月	2009 年 11 月
LPD-22	"圣迭哥"号	2007 年 5 月	2010 年 5 月	2012 年 5 月
LPD-23	"安克拉治"号	2007 年 9 月	2011 年 2 月	2013 年 5 月
LPD-24	"阿林顿"号	2008 年 5 月	2010 年 11 月	2013 年 2 月
LPD-25	"萨默塞特"号	2009 年 12 月	2012 年 4 月	2014 年 3 月
LPD-26	"约翰·摩西"号	2012 年 2 月	2014 年 10 月	2016 年 10 月
LPD-27	"波特兰"号	2013 年 8 月	2016 年 2 月	2017 年 12 月
LPD-28	"劳德代尔堡"号	2017 年 10 月	2020 年 3 月	尚未服役
LPD-29	"小理查德·麦库尔"号	2019 年 4 月	尚未下水	尚未服役

"格林湾"号船坞登陆舰

"波特兰"号船坞登陆舰

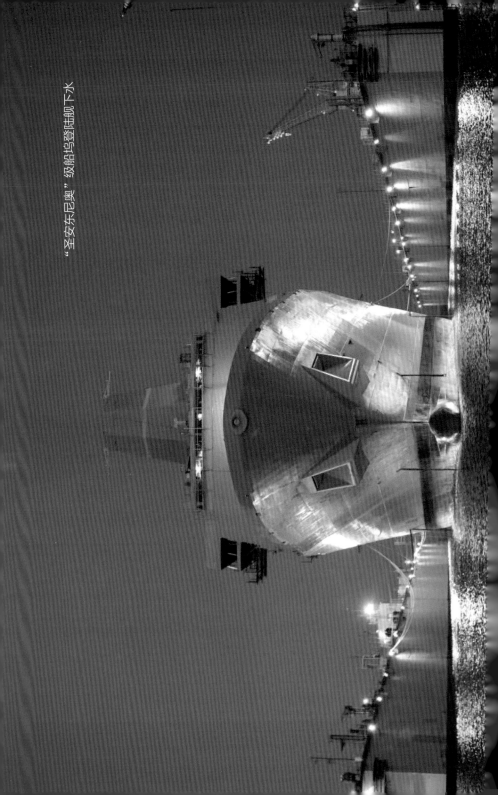

"圣安东尼奥"级船坞登陆舰下水

"美利坚"级两栖攻击舰

"美利坚"级两栖攻击舰是美国正在建造的新一代两栖攻击舰，计划建造 11 艘，首舰于 2014 年 10 月开始服役。

排名依据

"美利坚"级是美国乃至全世界有史以来吨位最大的两栖攻击舰，虽然名义上称为两栖攻击舰，但在构造与用途上与一般的非斜向甲板设计的航空母舰并无不同。事实上，除了美国"尼米兹"级和俄罗斯"库兹涅佐夫"号等极少数的航空母舰，其他国家服役中的航空母舰的排水量几乎都要小于"美利坚"级。相比于美国过去的两栖攻击舰，"美利坚"级拥有更大的机库、经重新设计与扩大的航空维修区、大幅扩充的零件与支援设备储存空间以及更大的油料库。

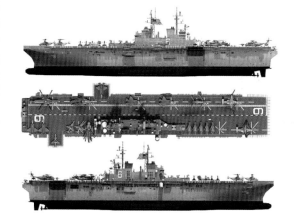

"美利坚"级两栖攻击舰结构图

建造历程

　　虽然"美利坚"级两栖攻击舰被划分为直升机登陆突击舰（LHA）类别，但它基本上是以"黄蜂"级两栖攻击舰（被划分为直升机船坞登陆舰）为基础而研发。首舰"美利坚"号于 2009 年 7 月开工，2012 年 10 月下水，2014 年 10 月服役，取代舰龄已高的"塔拉瓦"级"贝里琉"号。二号舰"的黎波里"号于 2014 年 6 月开工，2020 年 7 月开始服役。

"美利坚"级两栖攻击舰舰首视角

舰体构造

　　"美利坚"级两栖攻击舰主要作为两栖登陆作战中空中支援武力的投射平台，完全省略了坞舱的设计，节约出来的空间被用来建造 2 座更宽敞、净空更大、装设有吊车、可容纳 MV-22 "鱼鹰"倾转旋翼机的维修舱。"美利坚"级的燃料为 JP-5 航空煤油，与舰上所搭载的直升机、倾转旋翼机及喷气式飞机共用相同的燃料源。相较于传统使用重油或柴油发动机的旧型船舰，共用燃料让"美利坚"级的舰上补给与调度能力得到大幅提升。

侧面视角

右舷前方视角

▌▌▌▶ 战斗性能

    "美利坚"级两栖攻击舰主要用于取代老化的"塔拉瓦"级两栖攻击舰，能够搭载数量更多的作战飞机，作战能力更加强大，是美国 21 世纪海上战略的重要支柱之一。"美利坚"级可搭载 1 个由 12 架 MV-22"鱼鹰"倾转旋翼机、6 架 F-35B 战斗机、4 架 CH-53E"超级种马"直升机、7 架 AH-1"眼镜蛇"武装直升机或 UH-1"伊洛魁"通用直升机以及 2 架 MH-60S"海鹰"搜救直升机所组成的混编机队，或单纯只搭载 20 架 F-35B 战斗机与 2 架 MH-60 S 搜救直升机，是空中攻击火力最大化的配置。

侧后方视角

趣 闻 逸 事

"美利坚"级两栖攻击舰的动力系统与美国海军以往建造的"黄蜂"级、"塔拉瓦"级、"硫磺岛"级等两栖攻击舰不同，后三者采用了蒸汽轮机动力系统，而"美利坚"级则采用了技术先进的燃气轮机 - 全电推进方式。这种推进方式的安静性好、推进效率高、启动运转速度快，是未来大型水面舰艇动力的发展趋势。目前，采用这种推进方式的还有新近服役的西班牙"胡安·卡洛斯一世"号。

航行中的"美利坚"级两栖攻击舰

电子设备

"美利坚"级两栖攻击舰装备了海上全球指挥控制系统、海军战术指挥支援系统、联合战术信息系统、AN/USQ-119(V)27 联合海上指挥信息系统、AN/KSQ-1 两栖攻击指挥系统、Link16 号数据链等一系列先进的濒海两栖作战系统。此外，在"黄蜂"级两栖攻击舰上出现的 AN/SPS-48E 三坐标雷达由于性能稳定、探测距离远等优点，所以"美利坚"级两栖攻击舰也有装备。电子战设备方面，"美利坚"级两栖攻击舰采用 AN/SLQ-32B(V)2 电子对抗系统，具备预警、侦察、电子干扰等功能。由于舰上空间较大，还装有多座干扰弹发射装置，与电子战系统共同构成完整的主被动电子干扰及对抗系统。

"美利坚"级两栖攻击舰正后方视角

"美利坚"号两栖攻击舰俯瞰图

参考文献

[1] 于向昕. 航空母舰 [M]. 北京：海洋出版社，2010.

[2] 江泓. 世界武力全接触——美国海军 [M]. 北京：人民邮电学出版社，2013.

[3] 陈艳. 潜艇——青少年必知的武器系列 [M]. 北京：北京工业大学出版社，2013.

[4] 哈钦森. 简氏军舰识别指南 [M]. 北京：希望出版社，2003.

[5] 查恩特. 现代巡洋舰驱逐舰和护卫舰 [M]. 北京：中国市场出版社，2010.